Siranus Sven von Staden

Bring endlich
Licht ins Dunkel
deiner Glaubenssätze

Schirner
Verlag

Haftungsausschluss

Die Übungen und Informationen in diesem Buch sind kein Ersatz für eine ärztliche, heilpraktische oder therapeutische Behandlung. Sie führen alle Übungen in eigener Verantwortung durch. Weder der Autor noch der Verlag können für eventuelle Folgen, die sich aus den im Buch gemachten praktischen Hinweisen ergeben, eine Haftung übernehmen. Dieses Buch enthält Verweise zu Webseiten, auf deren Inhalte weder der Autor noch der Verlag Einfluss haben. Für diese Inhalte wird keine Gewähr übernommen. Für die Inhalte der verlinkten Seiten ist stets der jeweilige Anbieter oder Betreiber der Seiten verantwortlich.

ISBN 978-3-8434-1060-1

Siranus Sven von Staden:	Umschlaggestaltung: Murat Karaçay, Schirner,
Bring endlich Licht ins Dunkel	unter Verwendung von # 22298670 (Tryfonov),
deiner Glaubenssätze	www.fotolia.de
© 2012 Schirner Verlag, Darmstadt	Redaktion und Satz: Rudolf Garski, Schirner
	Printed by: FINIDR, Czech Republic

www.schirner.com

1. Auflage Juli 2012

Inhalt

EINLEITUNG

Haben Sie sich nicht auch schon häufiger gefragt, wie es sein kann, dass Sie schon so viel getan haben, um ihr Leben zu verändern – zum Positiven natürlich – und Sie dennoch nicht den gewünschten Erfolg erzielen konnten? Wie kann es sein, dass Sie vielleicht schon meterweise Bücher zu Erfolg, Reichtum, Beziehungen, Gesundheit oder generell dem Thema Veränderungen gelesen haben – und trotzdem in Ihrem Leben nichts passiert ist? Wie kann es sein, dass Sie überall in Ihrer Wohnung Affirmationen hängen haben, die Sie jeden Tag zigfach herunterbeten – und trotzdem alles beim Alten bleibt? Wie kann es sein, dass Sie sich seit vielen Jahren im positiven Denken üben – und Sie trotzdem noch nicht erfolgreich oder wohlhabend sind? *Wie kann es sein, dass ...*
Finden Sie sich in einer dieser Fragen wieder? Oder vielleicht gleich in mehreren? Ich könnte Ihnen noch viele dieser Beispiele aufzählen, die alle nach kurzer Zeit immer wieder zum gleichen Ergebnis führen: dem alten!

»Verdammt«, höre ich Sie gerade denken, »das kann doch wohl alles nicht wahr sein. Ich habe nun schon so viel Geld in Bücher und Seminare investiert und komme immer noch nicht weiter.« Das stimmt. Und es wird auch weiterhin so bleiben, wenn Sie nicht etwas ganz Entscheidendes in Ihrem Leben verändern. Nein, nicht Ihr Verhalten. Das haben Sie sicher auch schon einige Male probiert – um sich dann nach kurzer Zeit erneut im »Hamsterrad« wiederzufinden. Und täglich grüßt das Murmeltier!

Nein, es gilt etwas zu verändern, das nicht zwischen Ihren beiden Ohren sitzt. Es geht nicht um die Aspekte, die Ihnen bewusst sind. Es geht um die Blockaden, die unbewusst sind. Wussten Sie, dass Sie im Laufe des Tages maximal 5 % bewusst wahrnehmen? Mindestens 95 % laufen völlig unbewusst ab. Das ist auch gut so, denn wenn Sie sich jeden Schritt und jede Handbewegung genau überlegen müssten, würde Ihr Leben ganz schön kompliziert werden. Daher ist es schon gut so, dass wir in der Regel unbewusst handeln.

Doch es gibt auch die kleinen feinen Nuancen, die Ihnen immer wieder das Leben schwer machen, oder? Ich spreche z. B. von dem »kleinen Kerl im Ohr«, der irgendwie immer etwas zu erwidern hat, wenn Sie etwas Außergewöhnliches vollbringen wollen. Er, der auf Ihre Aussage: »Ich bin es wert, geliebt zu werden«, antwortet: »Das glaubst du doch wohl selbst nicht.« Oder: »Was glaubst du, wer du bist?« Haben Sie auch so einen kleinen »Antifreund«, der auch gern als innerer Schweinehund, innerer Kritiker oder »Saboteur« bezeichnet wird?

Ich bezeichne ihn einfach als die Stimme, die es nicht besser weiß. »Miss Unwissend« trällert so vor sich hin, einer uralten Leier nacheifernd. Und diese uralte Leier spielt Lieder aus einem einzigen Genre: uralte Glaubenssätze und Überzeugungen. Auch in diesem Genre gibt es natürlich eine Top 10 mit den »ewigen Bestsellern«, die immer wieder gespielt werden. Oldies but Goldies. Das Schöne an diesen uralten Überzeugungen ist, dass sie niemals anstauben, weil sie von uns immer wieder – selbstverständlich unbewusst – aus dem Schrank gezogen werden. »Ich hole die selbst aus dem Schrank«, fragen Sie sich? Ja, ganz genau, die ollen Gassenhauer sind quasi Ihre Lieblingsstücke.

Einige dieser Gassenhauer sind Ihnen vielleicht schon bekannt. Doch viele andere sind noch tief in der Schatzkammer Ihres Unbewussten vergraben. Kein Wunder also, dass Sie sich in Bezug auf ein erfülltes Leben abrackern können wie sie wollen und dennoch nichts passiert. Denn Ihre Glaubenssätze und Überzeugungen halten sich schön im Hintergrund und klingen immer dann an, wenn Sie es am wenigsten erwarten.

Über diese »tief greifenden« limitierenden Glaubens- oder Verhaltensmustern werden Sie in anderen Büchern zum Thema Erfolg oder Veränderung nur selten lesen. Die meisten Autoren kümmern sich nur wenig darum, weil es viel Arbeit benötigen würde, sie ans Tageslicht zu fördern. Wiederum andere wissen nicht, wie sie ans Bewusstsein gebracht werden können, und lassen sie daher außen vor. Doch sind es genau diese Muster, die Sie immer wieder in Ihr Elend und den Mangel zurückverfrachten.
Daher widmet sich das Buch, das Sie gerade in Ihren Händen halten, genau diesem Thema. Mit seiner Hilfe decken Sie endlich auch jene Muster auf, die bisher noch im Untergrund arbeiten. Sie können sie ans Tageslicht holen und haben somit endlich die Chance, sie zu verändern. Denn erst, wenn Sie sich ihrer bewusst sind, darf Neues geschehen. Der alte Spruch »Was ich nicht weiß, macht mich nicht heiß!« wirkt äußerst kontraproduktiv. Kommen Sie also den hinderlichen Mustern auf die Schliche und leben Sie endlich das Leben, das Sie sich so sehr wünschen: ein erfülltes, gesundes, glückliches und erfolgreiches Leben voller Wohlstand.

Für alle Liebhaber des Buches bzw. Filmes *The Secret – Das Geheimnis* von Rhonda Byrne sei hier gesagt, warum bei den meisten Menschen das Gesetz der Anziehung nicht so funktioniert, wie sie es sich wünschen. Wenn tief in Ihrem Unterbewusstsein Glaubenssätze schlummern, die all Ihre Manifestationen torpedieren, dann könnten Sie manifestieren »bis der Arzt kommt«. Es würde nicht klappen, weil der Glaubenssatz mehr Macht besitzt als Ihre Manifestationskraft. Auch das ist einer der Gründe, weshalb es mir wichtig war, dieses Buch zu veröffentlichen.

Das Buch teilt sich in drei Teile auf. In Teil 1 erfahren Sie genauer, was Glaubenssätze sind, weshalb sie solch eine immense Kraft haben und wie sie entstehen. Die neuesten wissenschaftlichen Erkenntnisse tragen das Ihre dazu bei. Auch erfahren Sie hier, warum Sie so sind, wie Sie sind und wie Sie aus Ihrem täglichen Hamsterrad aussteigen können.

Teil 2 ist der Teil, der Licht in das Dunkel Ihrer limitierenden Überzeugungen bringt: der praktische Glaubenssatzfinder. Sie sind lediglich sechs Schritte davon entfernt, das Unbewusste ins Bewusstsein zu holen und zu erkennen, was Sie bisher daran gehindert hat, ein erfülltes Leben zu leben.

In Teil 3 erfahren Sie schließlich, wie Sie aus lähmenden Überzeugungen kraftvolle und fördernde Glaubensmuster erschaffen bzw. Ihre Limitierungen schlichtweg neutralisieren können. Viele unterschiedliche Übungen werden Ihnen dabei helfen.

Eines möchte ich an dieser Stelle klarstellen: Dies ist kein Buch zum *Lesen*. Dies ist ein *Arbeitsbuch*. Wenn Sie glauben, dass Sie durch dieses Werk »schlauer« werden, dann trifft das zwar zu, doch dafür ist das Buch nicht gedacht. Dieses Buch kann und soll Ihr Leben maßgeblich *verändern*. Das funktioniert jedoch nicht, wenn Sie es lediglich lesen. Erfolgreich wird der Mensch erst im *Tun*. Wissen ist gut, doch Weisheit ist deutlich besser. Und in die Tat umgesetztes Wissen bedeutet Weisheit.

Wenn Sie also ein Mensch der Tat sind, dann sollten Sie auf jeden Fall weiterlesen. Und wenn Sie gern zur Tat schreiten möchten, jedoch nicht wissen wie, sollten Sie ebenfalls weiterlesen – denn mit dem Durcharbeiten dieses Buches schreiten Sie automatisch zur Tat. Doch wenn Sie das Buch lediglich lesen wollen, legen Sie es bitte zurück ins Regal. Es wäre dann für Sie reine Zeitverschwendung. Ihr Buch sollte am Ende vollgeschrieben und bunt gemarkt sein sowie jede Menge Randnotizen enthalten.

Alle »Täter« (also diejenigen, die handeln) möchte ich bereits jetzt beglückwünschen: zu dem neuen Leben, das ab dem Ende des Buches das Ihre sein wird.

Von Herzen
Ihr

Sinaus Sven v. Stark

Teil I

WIE GLAUBENSSÄTZE
UNSER LEBEN BESTIMMEN

Von fördernden und lähmenden Überzeugungen

»Die 3% der glücklichsten, reichsten und erfolgreichsten Menschen
der Welt sind kaum anders als die übrigen 97%.
Der einzige Unterschied ist:
Sie denken, fühlen und handeln anders als der Rest.«

Wie kann es sein, dass es Menschen gibt, denen es absolut leichtfällt, erfolgreich zu sein, den idealen Partner zu finden, und gleichzeitig ständig gesund zu sein? Und den anderen – sagen wir 97% der Bevölkerung – will es irgendwie gar nicht gelingen, all das zu haben? Was machen die 3% anders? Was macht sie so besonders?

Es mag viele Gründe geben, doch der wohl wichtigste Grund liegt »zwischen den Ohren« dieser Menschen. Es gibt etwas im Verstand dieser 3%, das ganz anders ist als das der übrigen 97%. Die »Festplatte« in ihrem Kopf enthält einfach andere Inhalte.

Wir sprechen hier nicht von all dem Wissen, das auf dieser Festplatte abgespeichert ist. Es ist nicht das mangelnde Wissen, das die 97% weniger erfolgreich in Bezug auf Geld, Partnerschaft, Job oder Gesundheit sein lässt. Oftmals haben diese Menschen sogar deutlich mehr Wissen als die 3%. Beispielsweise haben viele der reichen Menschen keinen Hochschulabschluss, teilweise noch nicht einmal Abitur oder eine abgeschlossene Berufsausbildung. Nein, es sind all die Erfahrungen ihres Lebens, die sie zu den Menschen gemacht haben, die sie heute sind. Es sind ihre Überzeugungen, wie das Leben funktioniert bzw. zu funktionieren scheint. Es ist ihr Glaube in Bezug auf das Leben. Und das ist das, was das Leben aller Menschen bestimmt: Das sind die Glaubenssätze, wie sie in der Psychologie heißen. Das, was Sie über das Leben glauben, bestimmt, wie Sie es erleben. So einfach ist das.

Wenn Sie also glauben, das Leben sei hart und ungerecht, erleben Sie ein hartes und ungerechtes Leben. Wenn Sie glauben, das Leben sei Kampf, werden Sie immer wieder kämpfen müssen, um ein glückliches Leben führen zu können. Dummerweise kommt es dann selten zu den glücklichen Momenten – merkwürdig, oder? Es sind also genau solche Glaubenssätze, die Ihr Leben ausmachen. Von diesen gibt es Tausende.

Im Rahmen einer meiner Ausbildungen zum »Quantum Energy Coach« zeigte ich einer der Teilnehmerinnen ihre stärksten unbewussten Glaubensmuster auf. Sie war sehr überrascht über das, was sie erfuhr. Vor allem darüber, wie leicht es danach war, ihr Leben zum Positiven zu verändern. Daraufhin begann sie, zum Thema Glaubenssätze im Internet und in Büchern nachzuforschen und viele Menschen zu befragen. Im Laufe eines Jahres kam sie auf über 80 DIN-A4-Seiten an Glaubenssätzen und Überzeugungen zu allen Bereichen des Lebens. Das haute selbst mich, der sich schon seit vielen Jahren mit diesem Thema beschäftigt hatte, schier um.[1]

Um noch einmal auf die 3% der »anderen Menschen« zurückzukommen. Reiche Menschen haben andere Überzeugungen als diejenigen, die ständig pleite sind. Erfolgreiche Menschen denken anders über sich als jene, die »es nicht auf die Reihe bekommen«. Männer mit einem Model an der

---

1 Ohne jene Teilnehmerin, Ursula Berger, wäre das vorliegende Buch wahrscheinlich nicht entstanden.

Seite oder Frauen mit dem »Coca-Cola-Mann« im Arm haben andere Glaubenssätze als diejenigen, die sie nur neidisch anschauen. Und Menschen, die ständig krank sind, brauchen sich nur zu fragen, was sie über Gesundheit gelernt haben. Denn ihre Erfahrungen waren ganz andere als die der Menschen, die vor Gesundheit strotzen. Verstehen Sie? Die 3 % sind deswegen anders, weil sie etwas anderes gelernt haben. Dementsprechend handeln sie auch anders, mehr nicht. Und das können *Sie* auch. Deshalb lesen Sie gerade dieses Buch.

Doch es gibt selbstverständlich nicht nur negative bzw. limitierende Glaubenssätze. Auch Sie kennen sicherlich eine Menge Sätze aus Ihrem Leben, die Sie beflügeln, vielleicht: »Wenn ich in der Natur bin, geht es mir immer gut«, oder: »Ich bin eine gute Köchin«, oder: »Wenn ich gut drauf bin, gelingt mir einfach alles.«

Halten wir also fest, dass es Überzeugungen gibt, die Ihrem Leben förderlich sind, und welche, die Sie eher lähmen bzw. dafür sorgen, dass Ihr Leben nicht so »funktioniert«, wie Sie es sich wünschen. Erstellen Sie jetzt spontan eine Liste mit förderlichen und hinderlichen Glaubenssätzen aus Ihrem Leben! Sie werden erkennen, dass Ihnen schon eine Menge davon bekannt sind. Denken Sie daran: Dies ist kein *Lesebuch*, sondern ein *Arbeitsbuch*. Nehmen Sie sich also *jetzt* einen Stift, und füllen Sie die folgenden Zeilen aus, ohne großartig darüber nachzudenken.

Positive Glaubenssätze, die ich aus meinem Leben kenne und die mir guttun:

_____

_____

_____

_____

_____

_____

_____

Negative Glaubenssätze, die ich aus meinem Leben kenne und die mir nicht guttun:

_____

_____

_____

_____

_____

_____

_____

Vielleicht haben Sie sich bislang noch nicht so intensiv mit Glaubenssätzen beschäftigt, deshalb möchte ich Ihnen an dieser Stelle einige Beispiele nennen. Viele Überzeugungen beginnen folgendermaßen:

- Ich kann (nicht) ... – z. B. »Ich kann (nicht) gut malen.«
- Ich muss ... – z. B. »Ich muss perfekt sein.«
- Man muss ..., um ... – z. B. »Man muss hübsch aussehen, um einen Mann zu bekommen.«
- Das Leben ist ... – z. B. »Das Leben ist ein Kampf«, oder »Das Leben ist für mich.«
- Ich bin ... – z. B. »Ich bin (k)ein Gewinnertyp.«
- Ich bin ..., wenn ... z. B. »Ich bin glücklich, wenn meine Kinder glücklich sind.«
- Wenn ..., dann ... – z. B. »Wenn ich genügend Geld hätte, dann wäre ich sorgenfrei.«
- Erst wenn ... – z. B. »Erst wenn die Kinder groß sind, können wir unseren Traum verwirklichen.«
- ...

Fallen Ihnen noch weitere Sätze aus Ihrem Leben ein, wenn Sie diese Liste lesen? Dann ergänzen Sie sie direkt in der obigen Liste.

Sie sehen also: Ihr Leben ist von Glaubenssätzen bestimmt. Je nachdem, was Sie über sich selbst und das Leben gelernt haben, dementsprechend verläuft Ihr eigenes Leben. Natürlich wird Ihr Leben noch von anderen Aspekten bestimmt, doch sind Ihre Überzeugungen das, was Ihr Leben weitestgehend steuert. Jetzt werden Sie sicherlich sagen: »Dann ändere ich halt meine Überzeugungen.« Und im Prinzip haben Sie damit recht.
Die Sache hat nur einen Haken: Ihre Glaubenssätze sind fest in Ihrem Unterbewusstsein verankert. Und wahrscheinlich ist Ihnen nur ein Teil Ihrer Glaubenssätze bewusst. Gerade diejenigen, die Sie so stark an einem erfüllten Leben hindern, haben sich tief in Ihrem Unterbewusstsein versteckt. Sie kennen vielleicht den Begriff der »blinden Flecken«. Das sind jene Aspekte, die uns nicht bewusst sind. Hinter vielen dieser blinden Flecken verstecken sich solche unbewussten Glaubenssätze.

In diesem Buch werden wir mit folgendem vierstufigem Modell arbeiten:

- Phase 1: Unbewusste Inkompetenz
- Phase 2: Bewusste Inkompetenz
- Phase 3: Bewusste Kompetenz
- Phase 4: Unbewusste Kompetenz

In Phase 1 wissen Sie noch gar nicht, dass Sie eine Überzeugung an etwas hindert. In Phase 2 wissen Sie um dieses Hindernis und finden es mit dem praktischen Glaubenssatzfinder heraus. In Phase 3 verändern Sie Ihren hindernden Glaubenssatz in einen fördernden und lernen, nach dem neuen zu handeln. Und in Phase 4 letztendlich hat sich die neue Überzeugung so sehr verselbstständigt, dass sie Ihr Leben maßgeblich bestimmt. In Teil 3 des Buches werden Sie bestimmte Übungen vorfinden, die Phase 3 automatisieren und Sie direkt in Phase 4 katapultieren. Lassen sie sich überraschen.

Unser Glaube bestimmt unser Leben

Unser Glaube ist bekanntlich so stark, dass er Berge versetzt. Das erkennen Sie spätestens an der Kraft Ihrer Glaubenssätze. Auch die Medizin arbeitet sehr stark mit dem Glauben. Wussten Sie, dass statistisch gesehen ein Drittel aller medizinischen Heilungen auf dem sogenannten Placeboeffekt beruhen?[2] Es gibt beispielsweise Studien, in deren Rahmen von einer Gruppe von Patienten, die am Knie operiert werden sollten, lediglich bei einem Teil tatsächlich die Operation durchgeführt wurde. Dem anderen Teil wurde das Knie lediglich aufgeschnitten und dann wieder zugenäht. Selbstverständlich erzählte man ihnen nichts davon. Im Nachhinein konnten alle Patienten wieder schmerzfrei laufen, auch diejenigen, die nicht im eigentlichen Sinne operiert worden waren.

Ähnliche Studien gibt es sehr viele. Allesamt zeigen sie auf, wie stark unser Glaube ist. Stellen auch Sie sich an dieser Stelle einmal die Frage, was Ihr Glaube in Bezug auf das Leben ist. Diese Frage ist bewusst allgemein gehalten, weil Sie für sich herausfinden sollen, wie stark Ihr Glaube Ihr Leben beeinflusst.

Viele Menschen glauben beispielsweise, das Leben sei hart und ungerecht, während andere der festen Überzeugung sind, das Leben sei leicht. Andere wiederum glauben, dass Schönheit und Reichtum nur einer bestimmten Gruppe von Menschen bestimmt sei, zu der sie selbst nicht zählen.[3] Was ist Ihr Glaube?

---

2 Vgl. Braden, G.: *Im Einklang mit der göttlichen Matrix.* Koha 2007

3 Dieser Glaube wird als »Noceboeffekt« bezeichnet und ist den wenigsten Menschen bekannt.

Was ist mein Glaube in Bezug auf das Leben?

_____

_____

_____

_____

_____

_____

_____

_____

Inwieweit hat dieser Glaube mein Leben bisher beeinflusst?

_____

_____

_____

_____

_____

Welche Schlussfolgerungen ziehe ich daraus bezüglich meines zukünftigen Lebens? Wie möchte ich meinen Glauben anpassen, damit ich das Leben leben kann, das mir gebührt?

Das Modell des Lebens

»Wir sind Architekten unserer Wirklichkeit.«

Dieses Modell finden Sie auch in anderen meiner Bücher wieder – aus einem wichtigen Grund: Ich möchte, dass Ihr Leben leicht ist und dass Sie verstehen, weshalb Sie das bisher noch nicht realisieren konnten. Das Lebensmodell zeigt auf sehr einfache Weise, warum Sie so sind, wie Sie sind, und wie Sie aus ihrem täglichen Hamsterrad aussteigen können.

Dass Ihre Glaubenssätze Ihr Leben bestimmen, wissen Sie bereits. Doch fangen wir ganz von vorn an: Haben Sie sich schon einmal Gedanken darüber gemacht, warum Sie so sind, wie Sie sind, bzw. wie es dazu gekommen ist, dass Sie so sind? Wissen Sie, wie »Ihre Welt«, die Welt, in der Sie leben, entstanden ist?

Von Geburt an und sogar schon im Bauch der Mutter werden wir durch Reize geprägt, die wir über unsere Sinne wahrnehmen. Die neuen Wissenschaften[4] gehen sogar so weit, dass sie sagen, wir würden schon vor der Zeugung geprägt.[5] Ein Beispiel: Meine Eltern flohen Anfang der Sechzigerjahre ohne Geld aus dem Osten nach Westdeutschland. Als ich 1967 gezeugt wurde, waren meine Eltern immer noch sehr stark »im Mangel«, weil sie zu dieser Zeit nicht viel Geld hatten. Dieser Mangel löste also erste Prägungen aus.

Die neue Biologie besagt, dass Kinder erst im Alter von sechs Jahren in der Lage sind Bewusstsein aufzubauen. Das bedeutet, dass alles, was ein Kind in den ersten sechs Jahren hört, sieht oder anderweitig wahrnimmt, direkt

---

4 Die neuen Wissenschaften, wie sie bezeichnet werden, gehen über die klassische Wissenschaft hinaus. Sie betrachten den Menschen als ein ganzheitliches Wesen, beziehen Körper, Geist und Seele in das Leben des Menschen mit ein. Sie bestätigen heute das Wissen, das spirituelle Gelehrte bereits seit Jahrtausenden lehren.

5 Vgl. Lipton, Bruce: *Intelligente Zellen.* Koha 2008

ins Unterbewusstsein einfließt.[6] Ihre Eltern waren Ihre stärksten Bezugspunkte, sie waren also damals mehr oder weniger Ihre »Götter«. Durch sie wurden Sie am meisten geprägt. Das, was Ihre Eltern (oder Ihre Erziehungsberechtigten) über Sie sagten, war damals für Sie »Gesetz«. Das, was Ihnen Ihre Eltern vorgelebt haben, bedeutete für Sie »das Leben«.

Doch lernten Sie selbstverständlich nicht nur von Ihren Eltern. Großeltern, Geschwister, Verwandte, Freunde, Lehrer, die Medien; sie alle trugen dazu bei, dass Sie so sind, wie Sie sind. So lernten Sie z. B. von ihnen, was Sie dürfen und was Sie zu lassen haben, was gut und was schlecht ist usw. Sie lernten durch Erfahrungen, entwickelten Überzeugungen, Einstellungen und Werte. Auch der Kulturkreis, die Gesellschaft, in der Sie aufwuchsen, zählt dazu.[7] Das alles hat Ihre Welt zu der gemacht, die sie heute ist. Max Planck, der Urvater der Quantenphysik, spricht diesbezüglich von der »Matrix«. Ihre Welt ist also die Matrix, in der Sie sich jeden Tag bewegen.

Meine Welt

Erfahrungen, Glauben, Glaubenssätze, Werte Gefühle, Kultur, Einstellungen, Eltern, Lehrer, Freundeskreis ...

Ihre Matrix und das, wodurch sie geprägt wurde

All Ihre Überzeugungen und Erfahrungen kreieren also Ihre Matrix, jeden Tag aufs Neue. Wenn Sie Ihre Welt erblicken, schauen Sie durch eine imaginäre Brille, die Sie aus all Ihren Erfahrungen erschaffen haben. Sie

---

6   Vgl. Lipton, Bruce: *Intelligente Zellen.* Koha 2008

7   Gregg Braden, einer der populärsten neuen Wissenschaftler, geht in seinem Buch *Tiefe Wahrheiten* (Koha 2011) ausführlich auf die Einflussnahme der Kultur ein.

haben sozusagen einen Filter vor Ihren fünf Sinnen, der alles herausfiltert, was nicht in Ihre Welt passt.

Stellen Sie sich einmal vor, Sie würden eine Gruppe Touristen nach ihren Urlaubserlebnissen befragen. Obwohl jeder von ihnen am gleichen Urlaubsort war, würde sicherlich jeder Ihnen ganz unterschiedliche Dinge berichten. Verständlich, schließlich nimmt jeder die Welt durch sein eigenes Filtersystem, durch seine eigene Brille wahr.

Wussten Sie übrigens, dass Sie mit Ihren fünf Sinnen in der Lage sind, pro Sekunde mehr als 40 Millionen verschiedene Reize aufzunehmen? Ihr Verstand kann jedoch in dieser Zeit lediglich 50 davon umsetzen. Es werden also 99,999875 % aller Informationen rigoros herausgefiltert.

Aus Ihrer Weltsicht heraus interpretieren Sie jede Situation.

All das, was Sie erleben, interpretieren sie entsprechend Ihrer Matrix. Ich möchte Ihnen das gern anhand eines Beispiels aufzeigen:

Marie wurde in einer Familie groß, in der das Geld immer knapp war. Ihr Vater musste sich das Geld hart erarbeiten und machte täglich Überstunden, damit die Familie einigermaßen ein Auskommen hatte und sich auch einmal einen Urlaub leisten konnte. Ihre Mutter sorgte für die Kinder, den Haushalt und dafür, dass alle pünktlich das Essen auf dem Tisch hatten. Wenn Marie mit einkaufen ging und ihre Mutter fragte, ob sie nicht auch so ein schönes Spielzeug wie das Nachbarskind haben könne, dann sagte ihre Mutter: »Da musst du schon den Papa fragen, der bringt das Geld nach Hause. Ich habe nur das Haushaltsgeld.« Wenn Marie dann abends ihren Vater fragte, sagte dieser: »Das können wir uns nicht leisten. Weißt du eigentlich, wie schwer der Papa arbeiten muss, damit wir so leben können, wie wir leben?« Wenn sie erwiderte, dass sie später einmal reich sein wollte, um sich tolles Spielzeug und noch viel mehr kaufen zu können, lachte ihr Vater nur abfällig und sagte: »Es gibt reiche Menschen, und es gibt normale Menschen. Wir zählen zur zweiten Gruppe. Merke dir das, mein Kind.«

Was lernte Marie alles aus dieser sich häufiger wiederholenden Szene über das Leben?

1. Das Leben ist ein Kampf.
2. Man muss hart arbeiten, um auch nur einigermaßen leben zu können.
3. Die Männer verdienen das Geld.
4. Mutter zu sein ist ein harter Job.
5. Frauen sind von den Männern abhängig.
6. Wir (die Familie) können uns das nicht leisten.
7. Wir (die Familie) haben nie genug Geld.

Wahrscheinlich ergaben sich noch einige andere Glaubenssätze, die Maries Leben fortan in Bezug auf »das liebe Geld« bestimmen sollten. Vielleicht wundert sie sich heute als erwachsene Frau, dass sie tun und lassen kann, was sie will, und dennoch beruflich einfach nicht erfolgreich ist. Das wäre kein Wunder, denn es würde schließlich ihrer unbewussten Überzeugung zuwiderlaufen, dass die Männer das Geld verdienen.

Sie sehen also, wie schnell Überzeugungen entstehen können. All diese schlummern gemütlich in Ihrem Unterbewusstsein und geben wie ein Navigationssystem Ihren Lebensweg vor. Es wird wirklich Zeit, dass Ihr »Navi« ein Update bekommt – oder fahren Sie gern nach veralteten Karten?

Doch zurück zum Lebensmodell. Dadurch, dass Sie durch Ihre imaginäre Brille schauen, interpretieren Sie selbstverständlich auch alle Situationen entsprechend. Das wiederum hat zur Folge, dass Sie nach Ihrem Glaubenssatz handeln und sich verhalten. Willkommen in der Welt der *Verhaltensmuster*, denn diese entstehen genau aus Ihren unbewussten Überzeugungen. Jetzt wissen Sie auch, weshalb Sie sich in gewissen Situationen immer gleich verhalten, weswegen Sie z. B. immer wieder die gleiche Sorte Männer oder Frauen treffen usw., denn Ihr Verhalten bzw. Ihre Reaktion sorgt für die passenden Ergebnisse in Ihrem Leben.

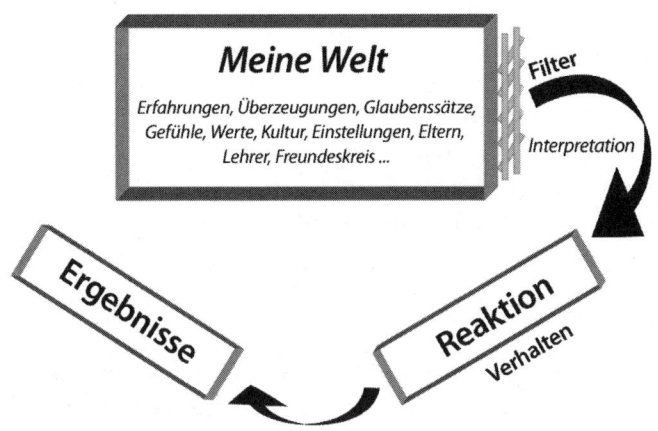

Ihre Welt prägt Ihr Verhalten und Ihre Ergebnisse.

Letztendlich bestätigen Ihre Ergebnisse wiederum Ihre Welt. Fertig ist das Modell des Lebens. Das Ganze bezeichnen wir auch als unsere Identität (oder auch als das »vermaledeite Hamsterrad«). Wenn unser Leben wirklich so funktioniert, wie es das Lebensmodell beschreibt, dann sind also Sie selbst *Architekt Ihrer eigenen Wirklichkeit*. Sie kreieren sich jede Situation im Leben selbst. Sie sind Architekt, Regisseur, Autor, Produzent, Kameramann und Darsteller in einer Person. Das ist großartig, denn es bedeutet, dass Sie Ihr Leben selbst in der Hand haben. In dem Moment, in dem Sie zu 100% Verantwortung für Ihr Leben übernehmen, sind Sie in der Lage, quasi alles zu verändern, was Sie verändern wollen. Die neuen Wissenschaften besagen, dass nichts unmöglich ist in unserer Welt – und das nicht erst seit Toyotas bekanntem Werbespot.[8]

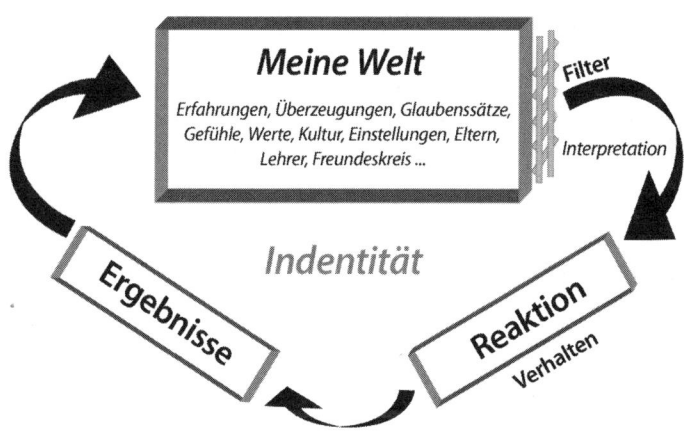

Willkommen im Hamsterrad Ihres Lebens

So ist es mit all Ihren Überzeugungen, Glaubens- und Verhaltensmustern. Sie sind Ihre Gewohnheiten, nicht mehr und nicht weniger. Die Hirnforschung zeigt sehr schön auf, wie eine Gewohnheit entsteht. In Ihrem Gehirn gibt es Milliarden sogenannter neuronaler Vernetzungen. Diese Nervenverbindungen stellen all unsere Erfahrungen dar. Alles, was wir jemals gelernt haben.

---

8   In meinem Buch *Quantum Energy* (Schirner 2011) gehe ich sehr ausführlich auf dieses Thema ein.

Neuronale Vernetzungen entstehen, wenn das Ende eines Nervenstranges, die Synapse, aktiv wird und an einen anderen Nervenstrang andockt. Das passiert andauernd. Eine Synapse dockt beispielsweise dann an einem anderen Nervenstrang an, wenn wir etwas tun. Durch die Energie, die sie »abfeuert«, bleibt sie für einen gewissen Zeitraum an diesem Nervenstrang kleben. Dann sucht sie sich einen anderen Strang. Wenn wir jedoch eine bestimmte Handlung oder Denkweise wiederholen bzw. etwas immer wieder wahrnehmen, bleibt die Synapse an der entsprechenden Stelle und verklebt dauerhaft. Eine neue neuronale Vernetzung ist geschaffen, eine Gewohnheit.

Denken Sie nur an Ihre erste Fahrstunde. Auf was mussten Sie nicht alles achten, damit Sie erfolgreich am Verkehr teilnehmen konnten. Heute läuft das Autofahren für Sie wie völlig selbstverständlich ab. Und Sie sind sogar in der Lage, während des Fahrens auch noch zu telefonieren, dem Navigationssystem zu folgen und sich mit Ihrem Beifahrer zu unterhalten. (Da sage noch jemand, Männer könnten nicht mehrere Dinge gleichzeitig machen. Beim Autofahren sind selbst sie multitaskingfähig.)

Was können Sie jetzt tun, um die Ergebnisse zu verändern? Damit Sie endlich ein erfülltes, glückliches und gesundes Leben voller Wohlstand führen können? Wenn ich diese Frage in meinen Seminaren stelle, kommt meistens folgende Antwort: »Ich muss mein Verhalten verändern.« Ich antworte dann immer: »Stimmt, das ist es, was die meisten Menschen tun. Sie ändern Ihr Verhalten. Wenn wir uns das Schaubild anschauen, was passiert, wenn wir das Verhalten verändern? Wir bekommen andere Ergebnisse. Wunderbar. Doch was geschieht dann? Das neue Ergebnis trifft auf Ihre alte Welt. Genau das ist der Grund, warum eine Verhaltensveränderung beim ersten und vielleicht auch beim zweiten Mal noch funktioniert. Doch spätestens beim dritten Mal greift wieder die alte Welt und somit das alte Verhalten, die alte Gewohnheit.« So muss es auch sein, weil wir gemäß den Erkenntnissen der Wahrnehmungsforschung lediglich 5 % bewusst wahrnehmen und 95 % des Alltags unbewusst »funktionieren«. Das ist auch gut so, wenn wir einmal an das Beispiel des Autofahrens denken. Doch im Falle einer Verhaltensänderung wirkt sich dieses Verhältnis zwischen bewusster und unbewusster Wahrnehmung kontraproduktiv aus.

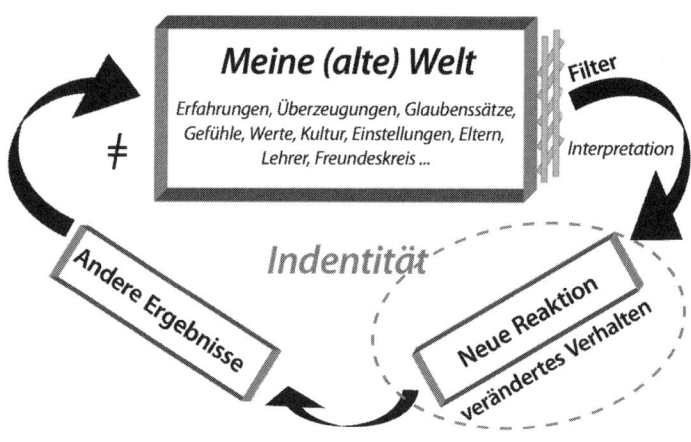

Der Versuch einer Verhaltensveränderung muss langfristig scheitern.

Es mag vielleicht sein, dass Sie bei einfachen oder leichten Überzeugungen und emotionalen Verhaltensmustern durch die Strategie der Verhaltensänderung zu einem dauerhaften Ergebnis gelangen, weil Sie durch die veränderten Ergebnisse in der Lage sind, neue Verhaltensmuster aufzubauen. Doch im Regelfall – und das kennen Sie sicherlich nur zu gut – landen Sie wieder in Ihrem alten Muster.

Jetzt werden Sie sicherlich verstehen, weswegen es so schwer ist, dem täglichen Hamsterrad zu entkommen. Außerdem liebt Ihr Ego Gewohnheiten. Veränderung mag es also gar nicht. Woran das liegt? Die Antwort ist ganz einfach:

Ihr Ego hat eine einzige Aufgabe, nämlich Ihr Überleben zu sichern!

Und dieser Aufgabe geht das Ego in Perfektion nach. Dementsprechend ist der Begriff des »inneren Schweinehundes« im Prinzip völlig deplatziert und falsch. Denn letztendlich möchte Ihr Ego Sie lediglich beschützen. Das einzig »Dumme« daran ist, dass Ihr Ego immer noch aus den frühkindlichen Prägungen heraus agiert. Somit ist es nur zu verständlich, dass jede Veränderung dem kleinen Kind namens »Ego« Angst bereiten kann, weil es womöglich sein Überleben gefährdet sieht.[9]

Wenn also Ihre Welt hauptsächlich aus Überzeugungen und Glaubensmustern besteht, dann ist die einzig sinnvolle Vorgehensweise diejenige, die Überzeugungen nachhaltig und tief greifend zu verändern – und nicht das Verhalten. Das ist des Rätsels Lösung, das ist eines *der* Geheimnisse des Lebens.

Verändern Sie Ihre Überzeugungen,
und Sie verändern Ihr Leben: dauerhaft!

Die Veränderung Ihrer Überzeugungen lässt Sie durch eine veränderte Brille schauen. Das bedeutet, dass Sie die verschiedenen Situationen des Lebens anders bewerten bzw. interpretieren, was automatisch zu neuem Verhalten führt. Somit brauchen Sie in der Folge gar keine Verhaltensänderung mehr vorzunehmen. Das neue Verhalten wird neue Ergebnisse hervorrufen, die wiederum Ihre neue Welt bestätigen. Somit führt die Veränderung Ihrer Überzeugungen zu einer neuen – und dauerhaften – Weltsicht. Wichtig dabei ist, und das erkennen Sie am unteren Schaubild, dass Sie

---

9   Das Ego greift auf die Erfahrungen aus der Kindheit zurück, die zum Glaubenssatz geführt haben. Ihre Erfahrungen des Erwachsenenlebens lässt es außen vor. Mehr Informationen dazu finden Sie in meinem Buch *Wenn Quantenheilung nicht funktioniert* (Schirner 2011, S. 27ff.).

Ihre neuen Glaubenssätze nicht nur verstehen, sondern auch fühlen. Denn erst, wenn Sie sie fühlen, werden sie auch zu Ihrer Wirklichkeit werden. Die Übungen in Teil 3 des Buches sorgen dafür, dass eine ganzheitliche Veränderung stattfinden kann.

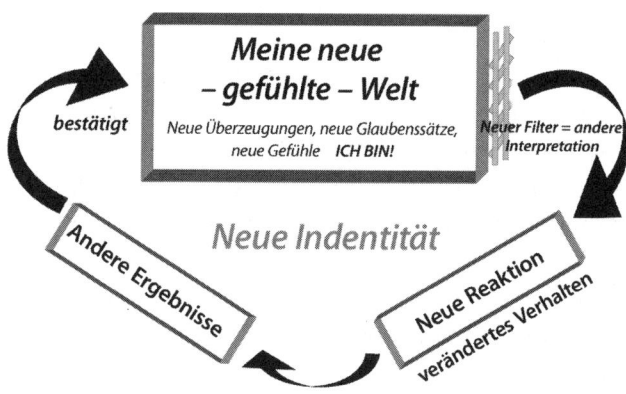

Veränderte Überzeugungen führen zu einer neuen Identität.

Das Gesetz der Resonanz

»Die Energie folgt der Aufmerksamkeit.«

An dieser Stelle möchte ich mit Ihnen einen kurzen Abstecher zu einem der wichtigsten Naturgesetze machen: dem »Gesetz der Resonanz«, auch »Gesetz der Anziehung« genannt. Dieses Gesetz beeinflusst das Modell des Lebens maßgeblich. »Die Quantenphysik besagt, dass alles nur Energie ist.«[10] So gibt es sehr feinstoffliche Energie, wie unsere Gedanken, Gefühle, die Luft usw., sowie feststoffliche Energie, wie einen Tisch, unseren Körper oder einen Berg. All diese Energie ist in Schwingung. Selbst ein Berg schwingt, doch ist dies für das bloße Auge nicht erkennbar.

Die Quantenphysik besagt ebenfalls, dass die Energie der Aufmerksamkeit folgt. Das bedeutet, dass das, worauf Sie Ihren Fokus lenken, egal ob bewusst oder unbewusst, in Ihr Leben tritt. Was bedeutet das nun genau? Sie stehen mit all Ihren Überzeugungen in Resonanz zu gleichen oder ähnlichen Energien. Wenn Sie also in Ihrer Kindheit als Mädchen von ihrer Mutter hörten, dass Männer nur »das eine« wollen, dann werden Sie später ganz automatisch genau solche Männer in Ihr Leben ziehen. Ihr Glaubenssatz sendet eine Energie aus, die genau mit den Männern in Resonanz geht, die lediglich Sex wollen. Oder wenn Sie glauben, dass der Herbst die Zeit von Erkältungen und Grippe ist, werden Sie die Viren magisch anziehen und garantiert eine Grippe bekommen. So funktioniert das Gesetz der Anziehung, ob Sie es wollen oder nicht. Es wirkt immer, so wie das Gesetz der Schwerkraft.

---

10 Dr. Quantum im Film *What the Bleep do we (k)now?* (Horizon 2006), einer der ersten und sehr empfehlenswerten Filme aus dem Bereich der neuen Wissenschaften.

Auf das Gesetz der Anziehung bzw. Gesetz der Resonanz werden wir im Rahmen der »besonderen Fokussierung« in Teil 3 des Buches noch ausführlicher eingehen.

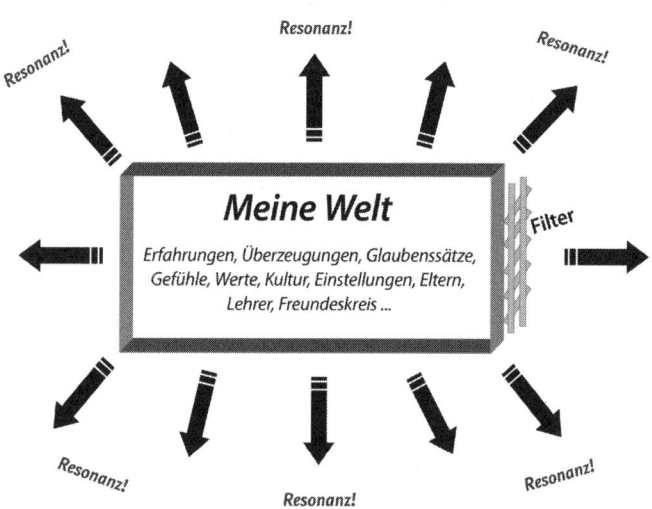

Meine Welt zieht gleiche Energieschwingungen an.

Die Kehrseite der Medaille –
Das Positive am negativen Glaubenssatz

»Alles im Leben hat einen Grund.
Zufall ist lediglich das, was uns zufällt. «

Wie bei jeder Sache, gibt es auch bei den Glaubenssätzen zwei Seiten. Eine negative Überzeugung ist nicht nur dazu da, Sie an irgendetwas zu hindern. Sie hat auch eine positive Seite. Denken Sie daran: *Alles im Leben hat einen Grund.* Das ist das Gesetz von Ursache und Wirkung. Und dieser Grund ist immer positiv, auch wenn Sie das im ersten Moment nicht erkennen können. Ich möchte Ihnen ein paar Beispiele aus meinem eigenen Leben nennen.

So, wie ich bin, bin ich nicht gut.
Dieser Glaubenssatz hat die ersten 35 Jahre meines Lebens bestimmt und dazu geführt, dass ich meistens ein Außenseiter war. Ich war nicht anerkannt. Das war mächtig frustrierend. So viel zur negativen Seite.
Das Positive an dieser Überzeugung war jedoch, dass ich mich durch mein Streben nach Anerkennung und danach, etwas Besonderes zu sein, als Trainer auf die Bühne begab. Ich erlangte eine gute Rhetorik, mithilfe derer ich heute Menschen begeistern und sie tief in ihrem Herzen berühren kann. Außerdem eignete ich mir ein große Portion Optimismus an. Damals eine Strategie, um nicht unterzugehen, heute eine wunderbare Ressource, um Neues auszuprobieren und zu handeln.

Ich bin ein introvertierter Mensch.
Okay, das glaubt mir heute keiner mehr. Doch war es früher tatsächlich so: In Gruppen fiel ich nicht auf, und ich stellte mich auch nie in den Vordergrund. Selbstverständlich gehörte ich keiner Clique an. Meine Introver-

tiertheit machte mich mehr oder weniger zu einer grauen Maus, die keiner wirklich um sich haben wollte.

Das Positive daran war, dass ich natürlich gern »dazugehören« wollte. Also entwickelte ich unbewusst Strategien, die dazu führten, dass ich mich gut auf Probleme anderer einlassen konnte. Vor allem für Mädchen und – später – für Frauen war ich ein guter Freund, mit dem man über seine Probleme sprechen konnte. Und ich konnte ihnen fast immer helfen. So kam es, dass ich ein immer größeres Interesse an Psychologie entwickelte, und heute bin ich in der Lage, quasi sofort das »wirkliche Thema« hinter einem Problem, einer Krankheit, einer Angst oder Ähnlichem zu erkennen. Die Menschen sind immer wieder erstaunt, dass ich ihnen nach drei oder vier Sätzen ihr Leben »erklären« kann.

Das Leben ist ein Kampf.

Diesen Glaubenssatz lernte ich von meinen Eltern. Sie kamen Anfang der Sechzigerjahre völlig mittellos aus der DDR in die Bundesrepublik. Mein Vater arbeitete immer hart, und auch meine Mutter ging, nachdem sie sich den ganzen Tag lang um den Haushalt und die Kinder gekümmert hatte, noch von 19 bis 23 Uhr arbeiten. Wir sparten, und Luxus war fast ein Fremdwort, das ich nur aus dem Fernsehen kannte. So war auch mein Leben ein Kampf, sei es um Anerkennung, in einer Beziehung oder darum, gute Noten in der Schule zu bekommen. Ich musste immer sehr viel lernen und war doch nur ein Durchschnittskandidat.

Das Positive daran ist, dass ich deshalb heute hart im Nehmen bin. So leicht kann mich nichts mehr erschüttern. Ich bin äußerst gelassen und ein Stehaufmännchen. So nutzte ich beispielsweise die Wirtschaftskrise 2008, um Seminare zur Persönlichkeitsentwicklung zu entwerfen und abzuhalten, anstatt mir weiterhin die Finger nach Business-Aufträgen wund zu telefonieren.

Und so könnte ich Ihnen bei jedem meiner ehemaligen limitierenden Glaubenssätze die positive Seite aufzeigen. Denken Sie immer daran: Nichts im Universum geschieht ohne Grund. Wenn Sie also im zweiten Kapitel gleich Ihre unbewussten Glaubenssätze herausarbeiten, dann bedanken Sie sich dafür, dass all diese Überzeugungen Sie zu dem Menschen gemacht haben, der Sie heute sind. Ohne sie würden Sie jetzt nicht dieses Buch in Ihren Händen halten und in der kommenden Zeit eigenverantwortlich dafür sorgen, dass Ihr Leben deutlich besser wird.

Falls Ihnen jetzt schon ein paar Ihrer hemmenden Überzeugungen einfallen, nehmen Sie sich die Zeit herauszufinden, welche positiven Aspekte es an ihnen gibt. Oder blättern Sie später wieder hierher zurück, um die folgende Übung durchzuführen.

Das Positive meiner negativen Glaubenssätze
Nehmen Sie sich Ihre Glaubenssätze einzeln vor, und erforschen Sie sich und Ihr Leben dahingehend, was Ihnen die jeweilige Überzeugung Positives gebracht hat – so, wie in meinen drei Beispielen oben.

Mein Glaubenssatz:

_____

_____

Das Positive daran ist:

_____

_____

_____

_____

Mein Glaubenssatz:

_____

_____

Das Positive daran ist:

_____

_____

_____

_____

Mein Glaubenssatz:

_____

_____

Das Positive daran ist:

_____

_____

_____

_____

Nutzen Sie für alle weiteren Überzeugungen die nachstehende leere Seite. Denken Sie daran: Dies ist ein Arbeitsbuch. Es soll nach dem Lesen »gebraucht« aussehen.

Wenn Sie nun im Anschluss darüber nachdenken, was Ihnen diese Überzeugungen »gebracht« haben, wie fühlt es sich an? Kann es sein, dass sich Ihre negative Einstellung ihnen gegenüber ein wenig verändert hat? Das wäre wunderbar!

Notizen

Worauf Sie Ihr Glaubenssatz hinweisen möchte

*»Finden Sie den Grund heraus,
worauf Sie Ihre Blockade hinweisen möchte,
und Sie werden staunen,
wie schnell sich Ihr Leben verändern kann.«*

Wenn alles einen Grund hat, dann selbstverständlich auch Ihre Sie limitierende Überzeugung. Und ob Sie es nun glauben wollen oder nicht: Ihre limitierende Überzeugung hat immer damit zu tun, dass in Ihrem Leben etwas »schräg« läuft und Sie etwas verändern sollen. Nur dazu ist Ihre Blockade da.

Jetzt gibt es drei Möglichkeiten:

1. Sie konsultieren einen Psychoanalytiker, der gemeinsam mit Ihnen herausarbeitet, weshalb der negative Glaubenssatz in Ihrem Leben ist. Er wird mit Ihnen Ihr Leben durchforsten, und nach einigen Monaten oder Jahren haben Sie herausgefunden, was zu Ihrem Glaubenssatz geführt hat. Doch wollten Sie das ja gar nicht wissen: Sie wollten wissen, wozu der Glaubenssatz da ist. (Damit Sie mich jetzt nicht falsch verstehen: Psychotherapeuten leisten eine sehr gute Arbeit. Doch nimmt mir ihre Arbeit einfach deutlich zu viel Zeit in Anspruch.)
2. Sie suchen sich einen guten Freund bzw. eine gute Freundin, der oder die Ahnung von Psychologie hat, und philosophieren bei einem guten Glas Wein oder Bier über den Grund. Sie werden zu Ergebnissen kommen, die jedoch lediglich Vermutungen bzw. Interpretationen darstellen.
3. Sie gehen direkt mit dem Glaubenssatz in Kontakt und lassen sich von ihm erzählen, worauf er Sie hinweisen möchte. Das dauert fünf bis zehn Minuten.

Wofür entscheiden Sie sich? Gut, dies ist eine rhetorische Frage. Doch glauben Sie wirklich, dass Ihre Überzeugung erzählen kann? Ich schon. Besser gesagt, ich weiß es. Die folgende Übung habe ich bereits Hunderte von Malen durchgeführt. Und ich bin immer wieder mehr als erstaunt, was sie bewirkt. Mit der Übung »Kontaktaufnahme« erreichen Sie dreierlei Dinge: Erstens finden Sie den Grund heraus, worauf der Glaubenssatz Sie hinweisen möchte. Zweitens wandeln Sie Ihren Verstand vom Manipulierer zum Unterstützer. Weiter oben habe ich beschrieben, dass Ihr Ego Sie lediglich beschützen will und daher die Veränderungen torpedieren muss. Der Verstand ist der Assistent des Egos und sorgt mit vielen unterbewussten Strategien dafür, dass die Veränderungsansätze wieder rückgängig gemacht werden. Wenn Sie nun den Grund erkannt haben, was Sie durch den Glaubenssatz lernen sollen, und daraufhin Ihr Leben verändern, dann ist die Aufgabe des Egos für diesen Bereich erfüllt. Es hat also keinen Grund mehr, Sie zu manipulieren. Stattdessen wird es Sie zukünftig sogar dabei unterstützen, dass Sie Ihrer neuen Aufgabe nachkommen. Ist das nicht genial? Dadurch, dass das Ego Sie nun nicht mehr manipuliert, können drittens alle Veränderungen, die Sie im Nachhinein mithilfe der in Teil 3 des Buches vorgestellten Übungen durchführen, langfristig anhalten.

Ich liebe diese Übung, weil sie so einfach ist und schnell funktioniert. Sie lässt sich für jede nur erdenkliche Blockade einsetzen, nicht nur für negative Glaubenssätze. Und sie hat es schon Hunderten von Menschen ermöglicht, ihre Blockaden zu transformieren. Hier kommt nun die Übung:

Die Kontaktaufnahme

Machen Sie es sich bequem. Setzen oder legen Sie sich hin. Schließen Sie Ihre Augen, und konzentrieren Sie sich auf Ihren Atem, wie er kommt und wieder geht. Mit jedem Atemzug werden Sie ruhiger und können sich mehr und mehr entspannen. Spüren Sie, wie der Alltag von Ihnen abfällt, während Sie ruhiger und ruhiger werden. Konzentrieren Sie sich dann auf Ihre Überzeugung. Können Sie das unangenehme Gefühl wahrnehmen, das sie erzeugt? Wenn nicht, dann erinnern Sie sich an eine Situation in Ihrer Vergangenheit, in der sie Sie hinderte. Erspüren Sie das negative Gefühl. Nehmen Sie es genau wahr, und legen Sie Ihre Hand auf diesen Punkt.

Selbst wenn sich das Folgende für Sie jetzt merkwürdig anhören mag: Sprechen Sie Ihr negatives Gefühl an, das Ihren Glaubenssatz repräsentiert. Fragen Sie es aus Ihrem Innern heraus, ob es mit Ihnen in Kontakt treten möchte. Es wird eine Antwort kommen, ganz bestimmt. Nicht immer muss diese Antwort verbaler Natur sein. Es kann auch sein, dass Sie eine Veränderung in der Region Ihres Gefühls spüren oder ein Bild sehen. Was auch immer kommt, lassen Sie es zu. Sollte die Antwort negativ ausfallen oder gar nichts passieren, dann fragen Sie, was Sie tun können, um den Kontakt herzustellen. Denken Sie daran, bisher hatte Ihr Glaubenssatz noch nie Kontakt zu Ihnen. Deshalb muss er ein entsprechendes Vertrauen zu Ihnen aufbauen.

Ist die Kontaktbereitschaft da, gehen Sie einen Schritt weiter. Fragen Sie das Gefühl nach seinem Namen. Egal, was für ein Name kommt, akzeptieren Sie ihn, selbst wenn er für Sie unpassend oder unverständlich klingen mag.[11]

Angenommen, das Gefühl heißt »Willy«, dann fragen Sie anschließend: »Lieber Willy, ich möchte gerne mehr über dich erfahren. Was ist deine Aufgabe?« Oder: »Worauf möchtest du mich hinweisen?« Oder: »Was

---

11 Der Name kann *Papa, Heinz, Angst, Lust, Pups* oder ein völlig anderer sein. Es ist ganz egal, denn es geht nur darum, das Gefühl in der Folge mit seinem Namen anzusprechen.

kann ich durch dich lernen?« Sie können einen Dialog aufbauen. Seien Sie neugierig, schließlich geht es darum, zu verstehen.

Haben Sie herausgefunden, wozu »Willy« da ist und worauf er Sie aufmerksam machen möchte, dann klären Sie, ob der Auftrag erfüllt wäre, wenn Sie seinen Hinweis beachten und Ihr Leben dementsprechend verändern würden. Sollte das nicht der Fall sein, fragen Sie nach, was »Willy« noch braucht, damit die Aufgabe als erfüllt gilt.

Ist sie erfüllt, fragen Sie weiter, ob »Willy« bereit ist, eine neue Aufgabe anzunehmen. Das ist meist der Fall, doch kann es auch sein, dass er einfach nur frei sein möchte. Das ist dann auch in Ordnung.

Ist »Willy« für eine neue Aufgabe bereit, bitten Sie ihn darum, Sie dabei zu unterstützen, seinem Hinweis zu folgen. Wenn er Sie also beispielsweise ursprünglich darauf hinweisen wollte, dass Sie mehr für sich sorgen müssen, dann fragen Sie ihn, ob er Sie dabei unterstützen möchte. Ist er dazu bereit – was meistens der Fall ist –, schlagen Sie einen »Deal« vor. *Sie* übernehmen Ihre Aufgabe und *»Willy«* seine neue, unterstützende. Lösen Sie den Kontakt erst dann, wenn beide Seiten zufrieden sind. Fragen Sie im Anschluss, was er tun würde, falls Sie Ihrer Aufgabe nicht nachkämen. In den meisten Fällen wird er Sie wieder blockieren, so wie früher, weil sein ursprünglicher Auftrag nicht erfüllt worden ist. Doch kann auch etwas anderes geschehen.

Bedanken Sie sich abschließend bei sich selbst und bei »Willy«, schließlich hat er Ihnen so lange gedient. Verabschieden Sie sich dann. Konzentrieren Sie sich nun wieder auf Ihren Atem, und kommen Sie über diesen mehr und mehr an die Oberfläche Ihres Bewusstseins zurück. Wenn Sie wieder ganz da sind, öffnen Sie Ihre Augen.

Zur Erleichterung der Durchführung kommt hier noch einmal die Übung in Kurzform:

1. Gehen Sie in sich. Wo in Ihrem Körper fühlen Sie die Überzeugung, die Sie begrenzt?

2. Gehen Sie in Kontakt mit ihr, bis Sie sie fühlen können.

3. Frage Sie: »Liebes Gefühl, möchtest du mit mir in Kontakt gehen?« (Bei einem NEIN fragen Sie, was Sie tun können, damit Ihr Gefühl mit Ihnen in Kontakt geht.)

   Wichtig ist, dass die Antworten Ihrer Fragen nicht aus Ihrem Kopf kommen. Ihr Kopf hat immer vermeintlich richtige Antworten parat. Doch werden Sie die wirklichen Antworten aus dem Glaubenssatz an sich, dem Gefühl, erhalten.

4. Fragen Sie: »Wie ist Dein Name?« (Es wird irgendein Begriff auftauchen. Egal, welcher kommt, hinterfragen Sie ihn nicht und sprechen Sie Ihr Gefühl im fortlaufenden Prozess immer mit diesem Namen an.)

5. Fragen Sie dann: »Liebe/r ..., wozu bist du in meinem Leben?« Oder: »Worauf möchtest du mich hinweisen?« Oder: »Was soll ich durch dich lernen?«

6. »Wenn ich das, worauf du mich hinweisen möchtest, tue, ist deine Aufgabe dann erfüllt?« (Wenn NEIN, dann fragen Sie Ihr Gefühl, wozu es außerdem noch da ist.)

7. »Wenn deine Aufgabe dann erfüllt ist, bist du bereit, eine neue Aufgabe anzunehmen? Bist du bereit, mich bei meiner neuen Aufgabe mit aller Kraft zu unterstützen?«

8. Gehen Sie einen Deal, eine Vereinbarung mit dem Glaubenssatz ein und schließen Sie einen Vertrag mit ihm, in dessen Rahmen jeder seine neue Aufgabe annimmt. (Sie können sich die Hände geben, sich umarmen, einen Vertrag unterzeichnen oder Vergleichbares tun.)

9. Fragen Sie Ihren Glaubenssatz: »Wie wirst du mich daran erinnern, sollte ich meinen Teil des Deals nicht einhalten?«

10. Bedanken Sie sich dafür, dass Ihnen das Thema so lange gedient hat.

Das war es. Jetzt liegt es an Ihnen. Setzen Sie Ihren Teil des Deals um. Handeln Sie, selbst wenn es Ihnen schwerfallen sollte. Doch genau das Handeln wird Ihr Leben verändern.

Nachdem Sie die Kontaktaufnahme zu jedem Glaubenssatz durchgeführt haben, notieren Sie sich hier, wozu der jeweilige Satz da ist. Achten Sie jedoch darauf, nicht zu viele Kontaktaufnahmen nacheinander durchzuführen. Schließlich erhalten Sie von jedem Glaubenssatz eine neue Aufgabe, die Sie in Ihrem täglichen Leben umsetzen sollen. Zu viele Kontaktaufnahmen auf einmal können dazu führen, dass Sie den einen oder anderen Deal nicht einhalten werden.

Darauf möchte mich meine limitierenden Überzeugungen hinweisen:

Meine Überzeugung:

_____

_____

Der dazugehörige Hinweis:

_____

_____

_____

_____

Meine Überzeugung:

_____

_____

Der dazugehörige Hinweis:

_____

_____

_____

_____

Meine Überzeugung:

_____

_____

Der dazugehörige Hinweis:

_____

_____

_____

_____

Nutzen Sie für alle weiteren Überzeugungen diese Seite.

Vom Denken, Fühlen und Handeln

»Wissen ist Macht. Weisheit ist allmächtig.
In die Tat umgesetztes Wissen ist Weisheit.«

Weiter vorn habe ich beschrieben, wie wichtig es ist, die Veränderung der Glaubenssätze nicht nur im Kopf zu vollführen, sondern sie auf allen Ebenen zu vollziehen. Ich gehe einmal davon aus, dass Sie schon einige Bücher über Veränderungen gelesen haben. Vielleicht ist dies auch nicht das erste Buch zum Thema Glaubenssätze. Doch was hat sich seitdem tatsächlich in ihrem Leben verändert? Wohl nicht so viel, sonst hielten Sie nicht dieses Buch in Ihren Händen.

Ich möchte Sie hier nicht vorführen, sondern Ihnen lediglich aufzeigen, warum es wahrscheinlich bisher nicht geklappt hat. Das Wissen um Ihre Glaubenssätze und deren Veränderung auf der Verstandesebene allein wird keine Früchte zeigen. In der Einleitung habe ich einen der Hauptgründe genannt, weshalb bei sehr vielen das im Buch *The Secret – Das Geheimnis* beschriebene »Gesetz der Anziehung« nicht wie gewünscht funktioniert.

Ein weiter Grund scheint der zu sein, dass die meisten Menschen ihre Manifestation lediglich visualisieren, das Bild vor ihren Augen jedoch nicht fühlen (können). Und genau hier liegt die Krux. Die Kraft des Fühlens ist weitaus stärker als die Kraft des Verstandes. Die Energie, aus der alles im Universum besteht, ist elektromagnetische Energie. Forschungen des HeartMath Institutes in Kalifornien haben ergeben, dass die elektrische Kraft des Herzens 50-mal stärker ist als die des Gehirns. Die magnetische Kraft ist sogar bis zu 5000-mal stärker.[12] Spätestens mit diesen Forschungsergebnissen ist klar, weshalb das Fühlen so immens wichtig ist. Wenn Sie also in Teil 3 des Buches Ihre Glaubenssätze mit den kraftvollen Übungen verändern oder sogar eliminieren, dann achten Sie im Nachhinein darauf, dass Sie die Veränderung auch spüren (können). Die ausge-

---

12 www.heartmath.org

suchten Übungen sind genau für diesen Zweck da. Am Ende einer Übung werden Sie auch jeweils testen, wie sich die Veränderung anfühlt. Wenn Sie also Ihre (tief greifenden) Überzeugungen verändern und die Veränderung auch fühlen können, dann steht dem Ins-Leben-Treten Ihrer Manifestation so gut wie nichts mehr im Wege.

Der letzte und wichtigste Schritt ist, entsprechend Ihrer neuen Überzeugung zu handeln. Alles Wissen und Fühlen ist nutzlos, wenn Sie nicht auch Ihr Leben danach ausrichten. Das mag sich am Anfang noch ungewohnt anfühlen, und das wäre völlig normal. Doch je mehr Sie Ihren neuen Glaubenssatz in Ihren Alltag integrieren, je mehr Sie üben, desto leichter wird es Ihnen fallen, ihn zu leben. Genauso ergeht es Ihnen, wenn Sie mit einer neuen Sportart beginnen. Am Anfang sind Sie noch etwas unbeholfen, doch werden Sie nach geraumer Zeit immer besser und irgendwann zum Profi. Spitzensportler sind deshalb so gut, weil sie immer wieder üben. Sie werden feststellen, dass das Integrieren schneller geht, als Sie glauben. Da ist er wieder, der Glaube.

Die drei Schritte einer erfolgreichen Veränderung von Glaubenssätzen sind somit folgende:

1. Erkennen des Glaubenssatzes
2. Verändern des Glaubenssatzes
3. Umsetzen des neuen Glaubenssatzes im Alltag

Teil 2

DER PRAKTISCHE GLAUBENSSATZFINDER

Unsere Prägungen

»Es sind die ständigen Wiederholungen der kleinen Dinge,
die unser Leben prägen.«

Zu Beginn möchte ich Sie noch einmal an das Modell des Lebens aus Teil 1 des Buches erinnern. Dieses zeigt auf ganz wunderbare Weise, warum Sie so sind, wie Sie sind. Es waren selten die großen Ereignisse, die Ihr Leben prägten, obwohl diese selbstverständlich auch eine Rolle spielen. Doch in der Regel waren es die Dinge, die Sie damals immer wieder

1. von anderen hörten bzw. gesagt bekamen,
2. vorgelebt bekamen,
3. in den Medien erfuhren oder
4. selbst erlebten.

All das hat Sie zu dem Menschen gemacht, der Sie heute sind. Gehen Sie noch einmal zurück auf S. 26, und lesen Sie sich erneut die Geschichte von Marie durch. Hätten Sie gedacht, dass solch eine kleine Szene so viele Glaubenssätze entstehen lässt? Vielleicht können Sie sich jetzt vorstellen, weshalb meine ehemalige Ausbildungsteilnehmerin Ursula Berger über 80 DIN-A4-Seiten an Überzeugungen erarbeiten konnte.

In diesem Abschnitt geht es also darum, Ihren Prägungen auf die Schliche zu kommen. Viele kennen Sie wahrscheinlich bereits, die Ihnen unbewussten werden Sie mit dem Glaubenssatzfinder an die Oberfläche holen. Der Glaubenssatzfinder ist ein Sechs-Schritte-Programm: Schritt für Schritt decken Sie Ihre unbewussten Muster auf, sodass Sie letztendlich von der »unbewussten Inkompetenz« zur »unbewussten Kompetenz« gelangen (siehe Modell Seite 20).

- Schritt 1: Erwartungen klären
- Schritt 2: Ich bin okay ☺ – Ich bin nicht okay ☹
- Schritt 3: Erinnerungen an unschöne Situationen oder außergewöhnliche Erfahrungen
- Schritt 4: Die Realitätsverschiebung
- Schritt 5: Vom Hören, Sehen und Vorgelebtbekommen
- Schritt 6: Die Top 25/Top 50 der Glaubenssätze eines jeden Lebensbereichs

Schritt 1: Erwartungen klären

»Bewusst oder unbewusst erfüllen wir selbst
im hohen Alter noch die Erwartungen unserer Eltern.«

Als Sie noch ganz klein waren, gab es zwei »Götter« in Ihrem Leben: ihre Eltern.[13] Und es gab für Sie etwas äußerst Wichtiges im Leben, nämlich die Liebe dieser Götter zu bekommen.

Wir alle brauchen Liebe. Doch als Kleinkind ist die Liebe der Eltern das Wichtigste im Leben. Um diese Liebe zu erhalten, taten Sie wahrscheinlich so gut wie alles. Denken Sie daran, ein kleines Kind hat noch kein eigenes Bewusstsein. Dieses prägt sich erst im Alter von sechs Jahren aus. Also machten Sie vor diesem zarten Alter noch das, was Ihre Eltern von Ihnen erwarteten.

Natürlich taten Sie das nicht immer. Das war der Grund, weshalb Ihre Eltern wahrscheinlich so manches Mal ziemlich genervt waren. Doch um geliebt zu werden, erfüllten (und erfüllen) Sie die Erwartungen Ihrer Eltern. Und nicht nur das: Sie erfüllten auch die Erwartungen Ihrer Geschwister, Großeltern, Onkel und Tanten, Freunde, Lehrer usw.; eben all jener Personen, die Ihnen im Leben wichtig waren.[14]

Und all das geschah nur für Anerkennung, Aufmerksamkeit und Liebe. Es wäre ja schön, wenn all das lediglich eine Phase der Kindheit gewesen wäre, doch halten sich die aus den Erwartungen entstandenen Verhaltensmuster klammheimlich in den hintersten Ecken Ihres Gehirns versteckt und sorgen selbst im Seniorenalter noch dafür, dass Sie so »funktionieren« wie in der Kindheit.

---

13 Für einige Menschen gab es nur einen »Gott«, also nur die Mutter oder nur den Vater. Manche hatten Adoptiveltern oder Großeltern als »göttliche« Bezugspersonen.

14 Später kommt dann noch der Partner mit hinzu.

Jetzt ist es an der Zeit herauszufinden, was all diese Menschen damals von Ihnen erwarteten und wie Sie dem selbst heute noch gerecht zu werden versuchen, bewusst und unbewusst selbstverständlich. Sie werden höchstwahrscheinlich feststellen, dass es teilweise ganz schön schwierig war und auch noch ist, allen gerecht zu werden.

Es kann z. B. gut sein, dass Ihr Vater ganz andere Erwartungen an Sie hatte als Ihre Mutter – und dass diese Erwartungshaltungen sogar teilweise konträr zueinander waren. Es entstand ein Zwiespalt, in dem das kleine Kind entscheiden musste, welche Liebe »wichtiger« war: die des Vaters oder die der Mutter. So kann es sein, dass Ihre Mutter die Erwartung an Sie hatte, dass Sie brav und vorsichtig sind, während Ihr Vater wollte, dass Sie mutig und risikobereit sind. Allein das kann einer der Gründe dafür sein, dass Sie nie etwas so hinbekommen, wie Sie es sich wünschen.

Bei meiner Frau Sonja wurde ein derartiger Zwiespalt sogar durch ein und dieselbe Person verursacht. Einerseits sollte sie für diese hübsch sein, andererseits erntete sie stets Neid und Eifersucht dafür, wenn sie es war. Und das setzte sich in ihrem Leben so lange fort, bis sie diesen Zusammenhang erkannte und ihre Glaubenssätze umwandeln konnte.

Ihre beiden Hauptglaubenssätze waren: »Egal, was ich tue, ich bin nicht gut genug«, und: »Egal, was ich tue, ich kann nicht helfen.« Vielleicht können Sie sich ein wenig vorstellen, wie sich das auf ihr Leben auswirkte. Letztendlich zeigte sich, dass, egal, was sie tat, es nie »richtig« war.

Nur gut, dass sie es heute besser weiß. Seitdem kann sie sich selbst lieben und ist erfolgreich. Und das nur, weil sie diese beiden Glaubenssätze bei sich erkannte und transformierte. Natürlich veränderte sich dadurch ihr Leben nicht von jetzt auf gleich. Doch durfte ich allein in den dreieinhalb Jahren, in denen wir jetzt zusammen sind, sehen, wie sehr sie gewachsen ist. Und ich bin mächtig stolz auf sie.

Jetzt sind Sie dran. Sind Sie bereit? Dann los!

Erwartungen erforschen

Erinnern Sie sich an Ihre Kindheit. Welche Erwartungen hatten folgende Personen an Sie?

Meine Mutter:

_____

_____

_____

_____

Folgende Auswirkungen positiver und negativer Art hatten bzw. haben diese Erwartungen auf mein Leben:

_____

_____

_____

_____

_____

_____

_____

Der praktische Glaubenssatzfinder

Mein Vater:

_____

_____

_____

_____

Folgende Auswirkungen positiver und negativer Art hatten bzw. haben diese Erwartungen auf mein Leben:

_____

_____

_____

_____

_____

_____

_____

_____

Meine Großeltern:

_____

_____

_____

_____

Folgende Auswirkungen positiver und negativer Art hatten bzw. haben diese Erwartungen auf mein Leben:

_____

_____

_____

_____

_____

_____

_____

_____

Meine Geschwister:

_____

_____

_____

_____

Folgende Auswirkungen positiver und negativer Art hatten bzw. haben diese Erwartungen auf mein Leben:

_____

_____

_____

_____

_____

_____

_____

_____

Meine Freunde:

_____

_____

_____

_____

Folgende Auswirkungen positiver und negativer Art hatten bzw. haben diese Erwartungen auf mein Leben:

_____

_____

_____

_____

_____

_____

_____

_____

Weitere wichtige Personen in meinem Leben:

———————————————————————————————

———————————————————————————————

———————————————————————————————

———————————————————————————————

Folgende Auswirkungen positiver und negativer Art hatten bzw. haben diese Erwartungen auf mein Leben:

———————————————————————————————

———————————————————————————————

———————————————————————————————

———————————————————————————————

———————————————————————————————

———————————————————————————————

Wenn Sie sich die Erwartungen Ihres Partners oder Ihres Chefs anschauen,
finden Sie wahrscheinlich solche wieder, die denen ähneln, die Ihre Eltern
hatten. Das ist nur zu natürlich, weil diese Personen die »Spiegel« ihrer

Eltern darstellen. Sollten die Erwartungshaltungen genau gegenteilig zueinander sein, dann hat Ihre Wut auf die Erwartungen Ihrer Eltern vermutlich das Gegenteil ausgelöst. Das »Dumme« daran ist nur, dass die meisten Menschen dadurch auch nicht glücklicher werden.

Sollten Sie bei einer der Personen gar keine Erwartungen finden, dann fragen Sie sich stattdessen, was diese Person an Ihnen besonders lobte und wie sie durch das Lob »motiviert« wurden, mehr »davon« zu tun. Ob Sie nun damals hörten, nicht so laut sein zu sollen, und vielleicht sogar für Ihr »Vergehen« gerügt wurden, oder ob Sie ständig gelobt wurden, wenn sie leise waren, der Effekt ist der gleiche: Sie lernten, ruhig zu sein, mit der Folge, dass man Sie heute in Meetings oder Gruppen übergeht und das aus irgendeinem unerfindlichen Grund auch bei Beförderungen geschieht. Auf der emotionalen Ebene sind Sie wahrscheinlich eher introvertiert und haben wenig Selbstwertgefühl. Natürlich hat das Ganze auch einen Vorteil: Ihre Zurückhaltung sorgt dafür, dass Sie nicht so leicht emotional verletzt werden können.

Nachdem Sie nun die Erwartungen ermittelt haben, die andere an sie hatten (und haben), welche Glaubenssätze haben sich daraus entwickelt?

1. _____

_____

2. _____

_____

3. _____

_____

4. _____

_____

5. _____

_____

6. _____

_____

7. _____

_____

8. _____

_____

9. _____

_____

10. _____

_____

Gerade haben Sie einiges über sich erfahren. Lassen Sie uns nun den nächsten Schritt angehen.

Schritt 2: Ich bin okay ☺ – Ich bin nicht okay ☹

»Der Mensch wird mit allem geboren,
was er für ein erfülltes Leben braucht –
bis die Erwachsenen kommen und ihn eines Besseren belehren.
Hätte er sich doch damals nur Ohren und Augen zugehalten.«

Wenn Kinder noch klein sind, sind sie voller Tatendrang und Eifer. Das geht so lange, wie die Erwachsenen sie gewähren lassen. In den meisten Fällen tun sie das jedoch nicht.

Daher ist es Ihre nächste Aufgabe, sich daran zu erinnern, was Sie damals hörten oder sahen, wenn Sie etwas tun oder sagen wollten bzw. taten oder sagten, was Ihren Eltern oder anderen wichtigen Personen in Ihrem Leben missfiel. Hierzu zählen Aussagen wie: »Das tut man nicht«, »Was sollen denn die Nachbarn denken?«, »Das kannst du nicht!«, »Wenn du ohne Mütze rausgehst, wirst du krank.« usw.

Schreiben Sie zu jedem Lebensbereich auf, was Sie hörten oder sahen.

Das Leben generell:

_____

_____

_____

_____

Folgende Auswirkungen positiver und negativer Art hatten bzw. haben diese Aussagen auf mein Leben:

_____

_____

_____

_____

_____

_____

_____

_____

Zu mir und meiner Person:

_____

_____

_____

_____

Folgende Auswirkungen positiver und negativer Art hatten bzw. haben diese Aussagen auf mein Leben:

_____

_____

_____

_____

_____

_____

_____

_____

Körper und Gesundheit:

Folgende Auswirkungen positiver und negativer Art hatten bzw. haben diese Aussagen auf mein Leben:

Partnerschaft und Sexualität:

_____

_____

_____

_____

Folgende Auswirkungen positiver und negativer Art hatten bzw. haben diese Aussagen auf mein Leben:

_____

_____

_____

_____

_____

_____

_____

_____

Hobby und Beruf:

_____

_____

_____

_____

Folgende Auswirkungen positiver und negativer Art hatten bzw. haben diese Aussagen auf mein Leben:

_____

_____

_____

_____

_____

_____

_____

_____

Erfolg, Geld und Reichtum:

_____

_____

_____

_____

Folgende Auswirkungen positiver und negativer Art hatten bzw. haben diese Aussagen auf mein Leben:

_____

_____

_____

_____

_____

_____

_____

_____

Spiritualität und spirituelle Fähigkeiten:

_____

_____

_____

_____

Folgende Auswirkungen positiver und negativer Art hatten bzw. haben diese Aussagen auf mein Leben:

_____

_____

_____

_____

_____

_____

_____

_____

_____

Hätten Sie geahnt, dass es so viele Glaubenssätze in Ihrem Leben gibt? Warten Sie ab, es werden noch mehr, denn es folgen noch vier weitere Schritte, mit denen Sie sich Ihr Unbewusstes sichtbar machen können.

Schritt 3: Erinnerungen an unschöne Situationen oder außergewöhnliche Erfahrungen

»Wie leidensfähig der Mensch doch ist:
Es braucht erst außergewöhnliche Situationen
oder Schicksalsschläge, bis er einen anderen Weg einschlägt.«

»Es machte ›Peng!‹, dann wurde es dunkel. Das Nächste, an das ich mich erinnere, ist, dass ich im Krankenhaus aufwachte. Es war eine Zeit voller Schmerz und Wut, doch haben diese sechs Wochen einen anderen Menschen aus mir gemacht.«

Solche Geschichten höre ich als Coach und Trainer immer wieder. Der Mensch scheint erst mit dem großen Glockenschlag aufzuwachen. Neben den kleinen Dingen aus der Kindheit prägen Sie also auch die außergewöhnlichen Erfahrungen Ihres Lebens. Das kann ein Unfall sein, ein Todesfall oder eine andere »heftige« Situation. Selbst ein Erschrecktwerden durch einen anderen Menschen, der sich nur einen Spaß erlauben wollte, kann Sie bereits prägen und beispielsweise eine Angst oder ein Trauma hinterlassen. Nach diesen Situationen und Erfahrungen gilt es im dritten Schritt Ausschau zu halten.

Gleichzeitig wird es in Ihrer Kindheit schlimme Situationen gegeben haben, die Sie prägten. Angefangen von intensiven Kinderkrankheiten über das Instrument, das Sie trotz mangelnden Talents spielen mussten, möglicherweise bis hin zum verbalen, emotionalen oder gar sexuellen Missbrauch. Notieren Sie sich Ihre Erlebnisse, die Veränderungen, die Ihr Leben daraufhin nahm, und welche Überzeugungen sich wiederum daraus für Ihr Leben ergaben.

Dies soll kein Seelenstriptease werden, doch es sind gerade diese Erlebnisse, die Ihr Leben maßgeblich beeinflusst haben und noch heute prägen. Sie müssen nicht tief in Ihren Erinnerungen wühlen, sondern lediglich die daraus entstandenen Prägungen herausfinden.

_____

_____

_____

_____

_____

_____

Meinen Glückwunsch für Ihren Mut. Nicht jeder ist bereit, noch einmal dorthin zu schauen, wo es »wehtut«. Sie dürfen sich auf die Schulter klopfen, denn – trotz alledem – sind Sie der Mensch, der Sie heute sind. Sie haben all diese Situationen gemeistert. Und die Zeit ist reif, dass Ihre Blockaden gehen dürfen – für ein erfülltes Leben.

Schritt 4: Die Realitätsverschiebung

»Was würdest du tun, wenn du richtig mutig wärst?«

Für diesen Schritt tun Sie einen Augenblick lang so, als ob. Während bei einem Crashtest immer ein Dummy herhält, um herauszufinden, was passiert, führen Sie die folgende Übung selbst durch – jedoch ohne Blessuren davonzutragen zu können. Oder möchten Sie gerne blaue Flecken bekommen? Ich denke nicht, oder?

Das Schöne an unserem Gehirn ist, dass, so »perfekt« es auch sein mag, es nicht zwischen Realität und Vorstellung unterscheiden kann. Und genau das machen Sie sich jetzt zunutze und ersparen sich dadurch die blauen Flecken. Ihre folgende Aufgabe besteht darin, dass Sie sich mit allen Sinnen vorstellen, wie Sie in jedem einzelnem Lebensbereich etwas Außergewöhnliches tun. Sind Sie beispielsweise Allergiker, so stellen Sie sich vor, wie Sie all das tun, was Sie sonst nicht tun. Oder stellen Sie sich vor, wie Sie Ihre kühnsten Träume und Wünsche wahr werden lassen, wie Sie spielend leicht ihren Traumpartner finden, endlich eine Weltreise durchführen usw. Denken Sie richtig »groß«. Ihrer Vorstellungskraft sollen hierbei ganz bewusst keine Grenzen gesetzt sein. Nehmen Sie sich jeden Lebensbereich einzeln vor.

Schließen Sie Ihre Augen, und lassen Sie Ihrer Fantasie freien Lauf. Hören Sie, was es zu hören gibt, schauen Sie, was es zu schauen gibt, fühlen Sie, was es zu fühlen gibt, riechen und schmecken Sie, was es zu riechen und zu schmecken gibt.

Setzen Sie bewusst alle Sinne ein. Wichtig ist, dass Sie es nicht nur vor Ihrem inneren Auge sehen, sondern dass Sie Teil des Ganzen sind: so als würden Sie in den Kinofilm vor Ihnen einsteigen und Hauptdarsteller sein. Seien Sie der Promi in Ihrem Film. Und dann lauschen Sie, was für Glaubenssätze hochkommen, die Sie von dieser schönen Situation abhalten wollen. Ihr Ego wird blitzschnell genau die »Schallplatte« auflegen, die Sie wahrscheinlich bereits kennen. Doch wer weiß, vielleicht hören Sie auf einmal eine Single aus Ihrer Kindheit, die hinter all die Platten gerutscht war und sich gut versteckt hat. Alles ist möglich. Notieren Sie sich im Nachhinein alles, was hochgekommen ist.

Der Film, in dem ich mein volles Potenzial, meine wahre Größe lebe:

_____

_____

_____

_____

_____

_____

_____

_____

_____

_____

_____

Der Film über meinen Körper, meine Gesundheit und mein Leben im hohen Alter:

_____

_____

_____

_____

_____

_____

_____

_____

Der Film über meinen Traumpartner und meine Sexualität:

_____

_____

_____

_____

_____

_____

_____

_____

_____

Der Film über meinen Erfolg und meinen Traumjob:

_____

_____

_____

_____

_____

_____

Mein Film über Geld und Reichtum:

Der Film über meine Spiritualität und meine spirituellen Fähigkeiten:

Schritt 5: Vom Hören, Sehen und Vorgelebtbekommen

»Unsere wichtigsten Vorbilder waren in den meisten Fällen nicht die besten, sondern die schlechtesten.«

Nachdem Sie schon eine Menge über sich herausgefunden haben, gilt es nun, die übrigen Prägungen herauszuarbeiten. Zu Beginn des zweiten Teils habe ich darauf hingewiesen, dass wir uns die Prägungen auf vier unterschiedliche Art und Weisen aneignen – über das, was wir hören, sehen, vorgelebt bekommen und selbst erleben. Ich stelle Ihnen jetzt zu jedem Bereich des Lebens einige Fragen, die Sie sich daraufhin im Rahmen Ihrer Selbsterforschung beantworten. Spüren Sie in sich hinein, und notieren Sie sich sofort, was hochkommt. Spüren Sie dann noch weiter, und schreiben Sie sich wiederum alles auf, was sich Ihnen zeigt.

Das Leben generell

- Was hörten Sie damals darüber, wie das Leben generell sei?
- Was sagte man Ihnen über das Leben?
- Was erfuhren Sie in den Medien über das Leben?
- Wie sah (oder sieht) das Leben Ihrer Eltern (bzw. Ihrer damaligen Erziehungsberechtigten) aus, und welche Anteile davon haben Sie übernommen?
- Was haben Sie selbst darüber erfahren, wie das Leben generell ist?
- Was also glauben Sie unbewusst über das Leben?
- Wie sieht Ihr Leben aufgrund all dieser Glaubenssätze heute aus?
- Welche Verhaltensmuster legen Sie aufgrund dessen an den Tag?

Körper, Gesundheit und das Altern:

- Was hörten Sie damals über Schönheit?
- Was erzählte man Ihnen über Ihren Körper?
- Was sagte man Ihnen bezüglich Gesundheit und Krankheiten?
- Was hörten Sie über das Altern?
- Was erfuhren Sie in den Medien über Schönheit und Schönheitsideale?
- Was erfuhren Sie in den Medien über Gesundheit, Krankheiten und das Altern?
- Wie gingen Ihre Eltern (bzw. Ihre damaligen Erziehungsberechtigten) mit ihrem Körper um, und welche Verhaltensweisen haben Sie übernommen?
- Wie krank bzw. gesund waren Ihre Eltern (bzw. Ihre damaligen Erziehungsberechtigten), und welche Anteile davon haben Sie übernommen?
- Wie leben Ihre Eltern das Altern?
- Was erfuhren Sie selbst über Schönheit und Ihren Körper?
- Wie erlebten Sie Ihre eigene Gesundheit?
- Was also glauben Sie unbewusst über Körper, Schönheit, Krankheiten, Gesundheit und das Altern?
- Wie sieht Ihr Leben aufgrund all dieser Glaubenssätze heute aus?
- Welche Verhaltensmuster legen Sie aufgrund dessen an den Tag?

Partnerschaft, Familie, Ehe und Sexualität

- Was hörten Sie damals über Beziehung, Partnerschaft, Familie und Ehe?
- Was erzählte man Ihnen über Männer?
- Was erzählte man Ihnen über Frauen?
- Was sagte man Ihnen über Sexualität?
- Was erfuhren Sie in den Medien über Beziehung, Partnerschaft, Familie und Ehe?
- Was erfuhren Sie in den Medien über das andere Geschlecht?
- Was erfuhren Sie in den Medien über Sexualität?
- Wie gingen Ihre Eltern (bzw. Ihre damaligen Erziehungsberechtigten) miteinander, mit der Familie, mit den Themen Ehe und Sexualität um, und welche Anteile haben Sie davon übernommen?
- Wie haben Sie Ihre bisherigen Partnerschaften erlebt? Und falls zutreffend: Wie Ihre Ehe oder Familie?
- Wie haben Sie Sexualität erfahren?
- Was also glauben Sie unbewusst über das andere Geschlecht, Partnerschaft, Familie, Ehe und Sexualität?
- Wie sieht Ihr Leben aufgrund all dieser Glaubenssätze heute aus?
- Welche Verhaltensmuster legen Sie aufgrund dessen an den Tag?

(Aus)bildung, Beruf, Berufung und Karriere

- Was erfuhren Sie damals über Bildung, Karriere und Beruf?
- Was wollten Sie als Kind gern später einmal werden, und was sagten die anderen dazu?
- Was erzählte man Ihnen zu den Themen Traumjob, Berufung und Freude an der Arbeit?
- Was erfuhren Sie in den Medien über Karriere, Beruf und Traumjob?
- Wie erlebten Ihre Eltern (bzw. Ihre damaligen Erziehungsberechtigten) ihre Karriere bzw. ihren Beruf, und welche Anteile haben Sie davon übernommen?
- Wie erlebten bzw. erleben Sie selbst Ihren Beruf?
- Was also glauben Sie unbewusst über Karriere und Beruf bzw. Berufung?
- Wie sieht Ihr Leben aufgrund all dieser Glaubenssätze heute aus?
- Welche Verhaltensmuster legen Sie aufgrund dessen an den Tag?

Erfolg, Geld und Reichtum

- Was hörten Sie damals über Erfolg?
- Was sagte man Ihnen über Geld, Reichtum und reiche Menschen?
- Was erfuhren Sie in den Medien über Erfolg, Geld und Reichtum?
- Wie lebten (oder leben) Ihre Eltern (bzw. Ihre damaligen Erziehungsberechtigten) ihren Erfolg, und welche Verhaltensweisen haben Sie übernommen?
- Wie gingen (oder gehen) Ihre Eltern (bzw. Ihre damaligen Erziehungsberechtigten) mit Geld und Reichtum um, und welche Anteile haben Sie davon übernommen?
- Welche besonderen Erfahrungen haben Sie mit Erfolg?
- Was erfuhren Sie persönlich zu den Themen Geld, Reichtum und reiche Menschen?
- Was also glauben Sie unbewusst über Erfolg, Geld, Reichtum und reiche Menschen?
- Wie sieht Ihr Leben aufgrund all dieser Glaubenssätze heute aus?
- Welche Verhaltensmuster legen Sie aufgrund dessen an den Tag?

Spiritualität

- Was hörten Sie damals über Spiritualität?
- Sofern Sie damals welche hatten: Was sagte man Ihnen, wenn Sie von Ihren medialen Fähigkeiten (Hellsehen, Hellhören oder Hellfühlen; Engel sehen, mit Gott reden etc.) erzählten?
- Was erfuhren Sie damals in den Medien über solche Dinge?
- Wie lebten Ihre Eltern (bzw. Ihre damaligen Erziehungsberechtigten) ihre Spiritualität, und welche Verhaltensweisen haben Sie übernommen?
- Sofern Sie damals welche hatten: Welche Erfahrungen machten Sie mit Ihren spirituellen Fähigkeiten?
- Was also glauben Sie unbewusst über Spiritualität und spirituelle Menschen?
- Wie sieht Ihr Leben aufgrund all dieser Glaubenssätze heute aus?
- Welche Verhaltensmuster legen Sie aufgrund dessen an den Tag?

Nachdem Sie diesen Schritt komplett durchgearbeitet haben, sollten Sie einen Großteil Ihrer Glaubenssätze erarbeitet haben. Sie dürfen sich beglückwünschen für die Arbeit, die Sie geleistet haben. Sicherlich war es nicht immer leicht, doch ich verspreche Ihnen, dass sich der Aufwand allemal gelohnt haben wird.

Um vielleicht doch noch weiteren verdeckten Überzeugungen auf die Spur zu kommen, stelle ich Ihnen im sechsten Schritt jeweils die Top 25/Top 50 der Glaubenssätze jedes einzelnen Lebensbereichs vor. Wahrscheinlich treffen Sie dort bereits auf einige »alte Bekannte«. Aber wer weiß, ob nicht noch ein neuer Glaubenssatz auftaucht, mit dem Sie in Resonanz gehen. Also, lassen Sie uns loslegen.

Schritt 6: Die Top 25/Top 50 der Glaubenssätze eines jeden Lebensbereiches

»Die Macht der unbewussten Überzeugungen ist so viel größer als unsere größten Wünsche und Träume.«

Bevor Sie sich jetzt die jeweiligen Highlights der Glaubenssätze anschauen, lesen Sie sich bitte vorab die Gebrauchsanweisung durch.

Beginnen Sie mit dem Lebensbereich, der Sie in diesem Moment am meisten anspricht. Damit Sie im Folgenden nicht verstandesorientiert, sondern intuitiv arbeiten (was äußerst wichtig ist), gilt es, besonders zügig vorzugehen. Wenn Sie also gleich die Liste der Glaubenssätze durchgehen, überlegen Sie nicht lange, sondern kreuzen Sie spontan in der Skala am Rand an, ob die jeweilige Überzeugung eine Rolle in Ihrem Leben spielt oder nicht.

0	1	2	3	4
unbekannt		kenne ich		kenne ich sehr gut / hat mich stark geprägt

Mit dieser Skala werden Sie auf den kommenden Seiten arbeiten:

Wenn Sie mit einer Überzeugung gar nichts anfangen können, kreuzen Sie die »0« an.

Kennen Sie den Glaubenssatz aus Ihrem Leben bzw. prägt er Ihr Leben, bewerten Sie ihn zwischen 1 und 4, wobei

• »1« eine geringe Prägung bedeutet

• und »4« eine sehr starke.

Machen Sie sich Bemerkungen am Rand, wenn Ihnen zu einer Überzeugung etwas einfällt, z. B. woher Sie diesen Satz kennen, oder wer diesen Satz oft sagte (oder sagt) etc. Ergänzen Sie die Sätze, wo es nötig ist. Notieren Sie sich auch das, was Ihnen ad hoc einfällt und in den Listen nicht aufgeführt ist. Vielleicht fällt Ihnen auch ein ähnlicher Satz ein. Notieren Sie sich schlicht alles, was Ihnen in den Sinn kommt.

Auch folgende Vorgehensweise ist möglich: Bitten Sie Ihren Partner oder eine andere Person, die sie gut kennt, Themenbereiche an Ihrer Stelle für Sie durchzugehen. Das Ergebnis kann interessant sein und sehr überraschend ausfallen.

Ergänzen Sie im Anschluss zu den Top 25/Top 50 eines jeden Lebensbereiches jeweils diejenigen Glaubenssätze, die Sie in den ersten fünf Schritten herausgefunden haben. Bewerten Sie dann auch diese zwischen 0 und 4. Wenn Sie alle Überzeugungen bewertet haben, finden Sie am Ende der jeweiligen Liste noch eine weitere Übung: Notieren Sie dort alle Glaubenssätze, die eine 4 erhalten haben. Insbesondere diese benötigen Sie in Teil 3 des Buches. Zum Schluss erstellen Sie Ihre Top 3 der jeweiligen Liste. Sie werden feststellen, wenn Sie die wichtigsten Glaubensmuster als erstes transformieren, dass sich andere Glaubenssätze, die sich aus diesen starken Glaubenssätzen ergaben, automatisch mit verändern. Auf diese Weise ersparen Sie sich viel Arbeit.

Die Top 25 zu »Das Leben generell«

- Das Leben ist ein Kampf. ☐ ☐ ☐ ☐ ☐
- Das Leben ist hart und ungerecht. ☐ ☐ ☐ ☐ ☐
- Erwarte nicht zu viel vom Leben. ☐ ☐ ☐ ☐ ☐
- Ich muss alles allein schaffen. ☐ ☐ ☐ ☐ ☐
- Ich darf anderen nicht vertrauen. ☐ ☐ ☐ ☐ ☐
- Träume sind Schäume. ☐ ☐ ☐ ☐ ☐
- Vergiss nie, woher du kommst. ☐ ☐ ☐ ☐ ☐
- Hast du was, dann bist du was! ☐ ☐ ☐ ☐ ☐
- Wer rastet, der rostet. ☐ ☐ ☐ ☐ ☐
- Wer hoch hinaus will, kann tief fallen. ☐ ☐ ☐ ☐ ☐
- Man soll den Tag nicht vor dem Abend loben. ☐ ☐ ☐ ☐ ☐
- Strafe muss sein. ☐ ☐ ☐ ☐ ☐
- Das macht man nicht. / Das darfst du nicht. ☐ ☐ ☐ ☐ ☐
- Wer zuletzt lacht, lacht am besten. ☐ ☐ ☐ ☐ ☐
- Lieber den Spatz in der Hand
  als die Taube auf dem Dach. ☐ ☐ ☐ ☐ ☐
- Nun bleibe mal schön auf dem Teppich. ☐ ☐ ☐ ☐ ☐
- Bescheidenheit ist eine Zier. ☐ ☐ ☐ ☐ ☐
- Geben ist seliger denn nehmen. ☐ ☐ ☐ ☐ ☐
- Der Apfel fällt nicht weit vom Stamm. ☐ ☐ ☐ ☐ ☐
- Dein Schicksal ist vorherbestimmt. ☐ ☐ ☐ ☐ ☐
- Man kann nicht alles haben. ☐ ☐ ☐ ☐ ☐
- Alles hat seinen Preis. ☐ ☐ ☐ ☐ ☐
- Irgendwo gibt es immer einen Haken. ☐ ☐ ☐ ☐ ☐
- Du solltest dich lieber
  mit weniger im Leben begnügen. ☐ ☐ ☐ ☐ ☐
- Glück ist nie von Dauer. ☐ ☐ ☐ ☐ ☐

Schreiben Sie hier jetzt alle Glaubenssätze auf, die Sie mit 4 bewertet haben, sowie diejenigen zum Leben generell aus den Schritten 1–5.

Schauen Sie sich nun all diese Überzeugungen an, und erstellen Sie Ihre Top 3. Welche drei Sätze limitieren Ihr Leben allgemein am stärksten?

1. _____

_____

2. _____

_____

3. _____

_____

Die Top 50 zu »Selbstwert, Selbstvertrauen und Selbstliebe«

Dieser Bereich ist aufgrund der Menge an Glaubenssätzen so komplex, dass ich hier die Top 50 aufführe. Vor allem sind diese Überzeugungen häufig die Grundlage für viele aus den anderen Lebensbereichen.

- Ich habe Angst, ...   ☐ ☐ ☐ ☐ ☐
- Ich bin es nicht wert, ...   ☐ ☐ ☐ ☐ ☐
- Ich habe das nicht verdient.   ☐ ☐ ☐ ☐ ☐
- Das steht mir nicht zu.   ☐ ☐ ☐ ☐ ☐
- Ich bin nicht gut genug. /
  Das, was ich tue, ist nicht gut genug.   ☐ ☐ ☐ ☐ ☐

0 1 2 3 4

0 1 2 3 4

- Was ich mache, ist nicht wichtig. ☐ ☐ ☐ ☐ ☐
- Ich darf mich nicht so wichtig nehmen. ☐ ☐ ☐ ☐ ☐
- Was glaubst du, wer du bist? ☐ ☐ ☐ ☐ ☐
- Ich habe nur Pech. ☐ ☐ ☐ ☐ ☐
- Ich darf nicht glücklich sein. ☐ ☐ ☐ ☐ ☐
- Ich werde es euch beweisen. ☐ ☐ ☐ ☐ ☐
- Ich muss für andere sorgen. ☐ ☐ ☐ ☐ ☐
- Ich muss andere beschützen. ☐ ☐ ☐ ☐ ☐
- Ich muss funktionieren. ☐ ☐ ☐ ☐ ☐
- Ich muss perfekt sein. ☐ ☐ ☐ ☐ ☐
- Ich muss durchhalten. ☐ ☐ ☐ ☐ ☐
- Ich kann das nicht. ☐ ☐ ☐ ☐ ☐
- Ich habe keinen Ehrgeiz. ☐ ☐ ☐ ☐ ☐
- Auf mich ist kein Verlass. ☐ ☐ ☐ ☐ ☐
- Ich kann mich nur auf mich selbst verlassen. ☐ ☐ ☐ ☐ ☐
- Ich kann eh nichts ändern. ☐ ☐ ☐ ☐ ☐
- Ich bin zu schwach / ein kleines Licht. ☐ ☐ ☐ ☐ ☐
- Ich muss stark sein. ☐ ☐ ☐ ☐ ☐
- Ich bin ein Versager. ☐ ☐ ☐ ☐ ☐
- Ich darf nicht versagen. ☐ ☐ ☐ ☐ ☐
- Egal, was ich tue, ich mache alles verkehrt. ☐ ☐ ☐ ☐ ☐
- Ich bin zu blöd. ☐ ☐ ☐ ☐ ☐
- Ich bin ein schlechter Mensch. ☐ ☐ ☐ ☐ ☐
- Ich darf … (z. B. meine Eltern) nicht enttäuschen. ☐ ☐ ☐ ☐ ☐
- Ich darf nicht albern sein. ☐ ☐ ☐ ☐ ☐
- Werde endlich erwachsen. ☐ ☐ ☐ ☐ ☐
- Ich muss brav, lieb und nett sein,
  damit mich andere mögen. ☐ ☐ ☐ ☐ ☐
- Ich muss mich anpassen, um geliebt zu werden. ☐ ☐ ☐ ☐ ☐
- Es ist sehr wichtig,
  was andere Leute über mich denken. ☐ ☐ ☐ ☐ ☐

0 1 2 3 4

- Ich muss es allen recht machen. ☐ ☐ ☐ ☐ ☐
- Ich muss die Kontrolle behalten. ☐ ☐ ☐ ☐ ☐
- Ich darf nicht zu viel riskieren. ☐ ☐ ☐ ☐ ☐
- Ich sollte ein Junge / Mädchen werden. ☐ ☐ ☐ ☐ ☐
- Ich bin ein Unfall / verkehrt. ☐ ☐ ☐ ☐ ☐
- Mich sollte es eigentlich gar nicht geben. ☐ ☐ ☐ ☐ ☐
- Ich darf keine Gefühle zeigen / mich nicht öffnen, sonst werde ich verletzt. ☐ ☐ ☐ ☐ ☐
- Stell dich nicht so an! ☐ ☐ ☐ ☐ ☐
- Ein Indianer kennt keinen Schmerz. ☐ ☐ ☐ ☐ ☐
- Eigenlob stinkt. ☐ ☐ ☐ ☐ ☐
- Ich kann nicht Nein sagen. ☐ ☐ ☐ ☐ ☐
- Ich bin schuld. / Die anderen sind schuld. ☐ ☐ ☐ ☐ ☐
- Lob und Anerkennung muss ich mir erst verdienen. ☐ ☐ ☐ ☐ ☐
- Mir darf es nicht besser gehen als … (z. B. meinen Eltern, meiner Schwester usw.) ☐ ☐ ☐ ☐ ☐
- Ich werde nie glücklich / zufrieden sein. ☐ ☐ ☐ ☐ ☐
- Sei nicht so sensibel. ☐ ☐ ☐ ☐ ☐

Schreiben Sie hier jetzt alle Glaubenssätze auf, die Sie mit 4 bewertet haben, sowie diejenigen zu Selbstwert, Selbstvertrauen und Selbstliebe aus den Schritten 1–5.

_____

_____

_____

_____

_____

_____

_____

_____

_____

_____

_____

_____

_____ .

Schauen Sie sich nun all diese Überzeugungen an, und erstellen Sie Ihre Top 3. Welche drei Sätze limitieren Ihr Leben in diesem Bereich am stärksten?

1. _____

_____

2. _____

_____

3. _____

_____

Die Top 25 zu »Körper, Gesundheit und Altern«

- Ich bin zu klein / hässlich / dick / dünn. □ □ □ □ □
- Ich entspreche nicht dem Schönheitsideal. □ □ □ □ □
- Ich muss schlank sein. □ □ □ □ □
- Ich bin nicht attraktiv / sexy. □ □ □ □ □
- Mein Busen / mein Penis ist zu groß / zu klein. □ □ □ □ □
- Mein Körper ist mein schlimmster Feind. □ □ □ □ □
- Hübsche Frauen / Männer haben es
  im Leben leichter. □ □ □ □ □
- Egal, was ich mache: Ich werde nie
  schön genug sein, um geliebt zu werden. □ □ □ □ □
- Wer schön sein will, muss leiden. □ □ □ □ □
- Ich werde niemals schlank genug sein. □ □ □ □ □
- Ich fühle mich in
  meinem Körper / meiner Haut nicht wohl. □ □ □ □ □
- Süßigkeiten machen dick. □ □ □ □ □
- Das liegt bei uns in der Familie. / Das ist Vererbung. □ □ □ □ □

0 1 2 3 4

- Was die Ärzte sagen, ist immer richtig. □ □ □ □ □
- Wenn ich krank bin, bekomme ich Aufmerksamkeit. □ □ □ □ □
- Ich bin viel zu sensibel für diese Welt
  und werde dauernd krank. □ □ □ □ □
- Unsere Familie wird nicht krank. □ □ □ □ □
- Krankheit ist Schwäche. □ □ □ □ □
- Schmerz härtet ab. □ □ □ □ □
- Wenn ich hart genug an mir arbeite,
  werde ich nicht mehr krank. □ □ □ □ □
- Krankheiten sind der Spiegel deiner Seele. □ □ □ □ □
- Wenn man alt wird, hört und sieht man schlechter. □ □ □ □ □
- Im Alter nimmt das Denkvermögen ab. □ □ □ □ □
- Ich habe Angst vor dem Älterwerden. □ □ □ □ □
- Im Alter kommen die Zipperlein. □ □ □ □ □

Schreiben Sie hier jetzt alle Glaubenssätze auf, die Sie mit 4 bewertet haben, sowie diejenigen zu Körper, Gesundheit und Altern aus den Schritten 1–5.

_____

_____

_____

_____

_____

_____

Schauen Sie sich nun all diese Überzeugungen an, und erstellen Sie Ihre Top 3. Welche drei Sätze limitieren Ihr Leben in diesem Bereich am stärksten?

1. _____

_____

2. _____

_____

3. _____

_____

Die Top 50 zu »Partnerschaft, Ehe, Familie und Sexualität«

Dieser Lebensbereich ist – wie schon Selbstwert, Selbstvertrauen und Selbstliebe – so komplex, dass ich erneut die Top 50 statt der Top 25 aufführe.

- Ich habe Angst, verlassen / verletzt zu werden. ☐ ☐ ☐ ☐ ☐
- Ich kann nicht allein sein. ☐ ☐ ☐ ☐ ☐
- Mit mir hält es keine(r) lange aus. ☐ ☐ ☐ ☐ ☐
- Ich finde nie die Richtige / den Richtigen. ☐ ☐ ☐ ☐ ☐
- Ich habe bei Frauen / Männern kein Glück. ☐ ☐ ☐ ☐ ☐
- Ich bin beziehungsunfähig. ☐ ☐ ☐ ☐ ☐
- Sie / er betrügt mich bestimmt. ☐ ☐ ☐ ☐ ☐
- Ich kann keine Nähe zulassen. ☐ ☐ ☐ ☐ ☐
- Liebe für die Ewigkeit ist eine Illusion. ☐ ☐ ☐ ☐ ☐
- Liebe bedeutet Schmerz. ☐ ☐ ☐ ☐ ☐
- Gefühle muss man unter Kontrolle halten. ☐ ☐ ☐ ☐ ☐
- Ich muss meinen Partner kontrollieren. ☐ ☐ ☐ ☐ ☐
- Männer sind Schweine. ☐ ☐ ☐ ☐ ☐
- Männer gehen sowieso fremd. ☐ ☐ ☐ ☐ ☐
- Ich kann nicht treu sein. ☐ ☐ ☐ ☐ ☐
- Eine Beziehung führen bedeutet
  Kompromisse eingehen. ☐ ☐ ☐ ☐ ☐

0 1 2 3 4

- In einer Beziehung kann ich nicht frei sein.
- Ich muss auf den Richtigen warten.
- Ich erwische immer die Falsche / den Falschen.
- Er / sie darf nur mich lieben.
- Ich mache alles, nur um geliebt zu werden.
- Nur in einer Partnerschaft kann ich glücklich sein.
- Wenn … (z. B. meine Kinder / mein Mann)
  glücklich sind / ist, bin auch ich glücklich.
- Es ist seine / ihre Aufgabe, mich glücklich zu machen.
- Ehe bedeutet Streit.
- In der Ehe bleibt die Frau zu Hause.
- Ehe ist nur etwas für Konservative.
- Kein Sex vor der Ehe.
- In der Partnerschaft bzw. Ehe hat
  der Mann / die Frau das Sagen.
- Erst wenn die Kinder groß sind,
  können wir unsere Träume verwirklichen.
- Eine Familie haben bedeutet
  eine große Verantwortung tragen.
- Kinder kosten nur Geld.
- Kinder sind ein Gräuel / Fluch.
- Kinder machen nur Ärger.
- Kinder sind der größte Segen.
- Wenn ich Kinder habe,
  habe ich keine Zeit mehr für mich.
- Es ist egoistisch, keine Kinder zu bekommen.
- In diese Welt setze ich keine Kinder.
- Ich kann meine
  Weiblichkeit / Männlichkeit nicht leben.
- Sex ist Sünde / dreckig.
- Männer wollen nur das eine.

0 1 2 3 4

- Ich bin nicht gut im Bett. ☐ ☐ ☐ ☐ ☐
- Ich kann keinen Orgasmus bekommen. ☐ ☐ ☐ ☐ ☐
- Ich kann mich beim Sex nicht fallen lassen. ☐ ☐ ☐ ☐ ☐
- Sex hat mit Liebe nichts zu tun. ☐ ☐ ☐ ☐ ☐
- Ich bin verklemmt / frigide. ☐ ☐ ☐ ☐ ☐
- Ohne Sex geht gar nichts. ☐ ☐ ☐ ☐ ☐
- Sex ist nicht so wichtig. ☐ ☐ ☐ ☐ ☐
- Man masturbiert nicht. ☐ ☐ ☐ ☐ ☐
- Über Sex redet man nicht. ☐ ☐ ☐ ☐ ☐

Schreiben Sie hier jetzt alle Glaubenssätze auf, die Sie mit 4 bewertet haben, sowie diejenigen zu Partnerschaft, Ehe, Familie und Sexualität aus den Schritten 1–5.

_____

_____

_____

_____

_____

_____

_____

_____

_____

_____

_____

_____

_____

Schauen Sie sich nun all diese Überzeugungen an, und erstellen Sie Ihre Top 3. Welche drei Sätze limitieren Ihr Leben in diesem Bereich am stärksten?

1. _____

_____

2. _____

_____

3. _____

_____

Die Top 25 zu »(Aus)bildung, Beruf, Berufung und Karriere«

- Ich muss meinen Eltern beweisen, dass ich gut bin. ☐ ☐ ☐ ☐ ☐
- Ohne Abitur hast du im Leben keine Chance. ☐ ☐ ☐ ☐ ☐
- Wenn du etwas im Leben werden willst,
  musst du studieren. ☐ ☐ ☐ ☐ ☐
- Damit wirst du später kein Geld verdienen. ☐ ☐ ☐ ☐ ☐
- Als Künstler / Musiker kann man kein Geld verdienen. ☐ ☐ ☐ ☐ ☐
- Mach ja etwas Anständiges. ☐ ☐ ☐ ☐ ☐
- Ich muss in die Fußstapfen
  meines Vaters / meiner Mutter treten. ☐ ☐ ☐ ☐ ☐
- Beim Staat hast du einen sicheren Job. ☐ ☐ ☐ ☐ ☐
- Arbeit ist ein notwendiges Übel. ☐ ☐ ☐ ☐ ☐
- Wenn ich in Rente bin,
  muss ich mich nicht mehr quälen. ☐ ☐ ☐ ☐ ☐
- Erst die Arbeit, dann das Vergnügen. ☐ ☐ ☐ ☐ ☐
- Hobby und Beruf sind zwei Paar Schuhe. ☐ ☐ ☐ ☐ ☐
- Mein Job macht mich krank. ☐ ☐ ☐ ☐ ☐
- Weiter kommt man nur mit Ellenbogenmentalität. ☐ ☐ ☐ ☐ ☐
- Zur Führungskraft muss man geboren sein. ☐ ☐ ☐ ☐ ☐
- Wer lange im Büro bleibt, ist ein guter Mitarbeiter. ☐ ☐ ☐ ☐ ☐
- Man kann heutzutage froh sein,
  überhaupt einen Job zu haben. ☐ ☐ ☐ ☐ ☐
- Arbeit und Spaß passen nicht zusammen. ☐ ☐ ☐ ☐ ☐
- Wenn ich erst einmal Chef bin, habe ich alle Macht. ☐ ☐ ☐ ☐ ☐
- Ich bin zu alt, um noch einmal den Job zu wechseln. ☐ ☐ ☐ ☐ ☐
- Schuster bleib bei deinen Leisten. ☐ ☐ ☐ ☐ ☐
- Für die Selbstständigkeit muss man geboren sein. ☐ ☐ ☐ ☐ ☐
- Ich kann meine Fähigkeiten und Talente
  in meinem Beruf nicht ausleben. ☐ ☐ ☐ ☐ ☐

0 1 2 3 4

0 1 2 3 4

- Gott hat mich nicht mit Talent gesegnet. □ □ □ □ □
- Im Job haben nur noch die Jungen eine Chance. □ □ □ □ □

Schreiben Sie hier jetzt alle Glaubenssätze auf, die Sie mit 4 bewertet haben, sowie diejenigen zu (Aus)bildung, Beruf, Berufung und Karriere aus den Schritten 1–5.

_____

_____

_____

_____

_____

_____

_____

_____

_____

_____

_____

_____

Schauen Sie sich nun all diese Überzeugungen an, und erstellen Sie Ihre Top 3. Welche drei Sätze limitieren Ihr Leben in diesem Bereich am stärksten?

1. _____

_____

2. _____

_____

3. _____

_____

Die Top 25 zu »Erfolg, Geld und Reichtum«

- Erfolgreich wird nur, wer viel leistet und viel arbeitet. ☐ ☐ ☐ ☐ ☐
- Wenn ich erfolgreich bin,
  sind die anderen neidisch und eifersüchtig auf mich. ☐ ☐ ☐ ☐ ☐
- Für Erfolg muss man hart arbeiten. ☐ ☐ ☐ ☐ ☐
- Mein Erfolg ist ein ständiges Auf und Ab. ☐ ☐ ☐ ☐ ☐

0 1 2 3 4

- Um erfolgreich zu sein,
  muss ich studiert haben / intelligent sein. ☐ ☐ ☐ ☐ ☐
- Von nichts kommt nichts. ☐ ☐ ☐ ☐ ☐
- Das Streben nach Erfolg / Reichtum führt zu
  Stress und Gesundheitsproblemen. ☐ ☐ ☐ ☐ ☐
- Ich bin nicht gut genug, um erfolgreich / reich zu sein. ☐ ☐ ☐ ☐ ☐
- Erfolgreich / reich sind nur die anderen. ☐ ☐ ☐ ☐ ☐
- Beim Streben nach Erfolg und Reichtum
  bleibt nur wenig Zeit für alles andere im Leben. ☐ ☐ ☐ ☐ ☐
- Geld ist die Wurzel allen Übels. ☐ ☐ ☐ ☐ ☐
- Der Mann bringt das Geld nach Hause. ☐ ☐ ☐ ☐ ☐
- Zu viel Geld haben ist ein Zeichen von Gier. ☐ ☐ ☐ ☐ ☐
- Geld hat etwas Dreckiges, Schlechtes an sich –
  wie die Leute, die viel davon haben. ☐ ☐ ☐ ☐ ☐
- Reiche haben andere unterdrückt,
  um an ihr Geld zu kommen. ☐ ☐ ☐ ☐ ☐
- Geld ist der Grund für Streit
  in der Familie / in der Ehe. ☐ ☐ ☐ ☐ ☐
- Spare in der Zeit, dann hast du in der Not. ☐ ☐ ☐ ☐ ☐
- Geld macht nicht glücklich. ☐ ☐ ☐ ☐ ☐
- Geld verdirbt den Charakter. ☐ ☐ ☐ ☐ ☐
- Über Geld spricht man nicht. ☐ ☐ ☐ ☐ ☐
- Das können wir uns nicht leisten. ☐ ☐ ☐ ☐ ☐
- Wenn ich erst einmal reich bin,
  werden sich andere von mir entfernen. ☐ ☐ ☐ ☐ ☐
- Geld ist nicht so wichtig. ☐ ☐ ☐ ☐ ☐
- Ich darf nicht mehr Geld als
  meine Eltern / meine Geschwister verdienen. ☐ ☐ ☐ ☐ ☐
- Es ist nicht in Ordnung, dass ich reich bin
  und andere wenig oder gar nichts haben. ☐ ☐ ☐ ☐ ☐

Schreiben Sie hier jetzt alle Glaubenssätze auf, die Sie mit 4 bewertet haben, sowie diejenigen zu Erfolg, Geld und Reichtum aus den Schritten 1–5.

_____

_____

_____

_____

_____

_____

_____

_____

_____

_____

_____

_____

Schauen Sie sich nun all diese Überzeugungen an, und erstellen Sie Ihre Top 3. Welche drei Sätze limitieren Ihr Leben in diesem Bereich am stärksten?

1. _____

_____

2. _____

_____

3. _____

_____

Die Top 25 zu »Spiritualität«

- Für spirituelle Arbeit darf ich kein Geld nehmen. Sie kommt doch von Gott. ☐ ☐ ☐ ☐ ☐
- Man kann nicht gleichzeitig spirituell und reich sein. ☐ ☐ ☐ ☐ ☐
- Es gibt spirituelle Menschen und »die anderen«. ☐ ☐ ☐ ☐ ☐
- Spirituelle Menschen sind nicht von dieser Welt. ☐ ☐ ☐ ☐ ☐
- Esoterik ist etwas für Spinner. ☐ ☐ ☐ ☐ ☐
- Mach etwas Anständiges und nicht etwas so Abgehobenes. ☐ ☐ ☐ ☐ ☐
- Das ist doch bestimmt eine Sekte. ☐ ☐ ☐ ☐ ☐
- Ich habe Angst, in einer Sekte zu landen. ☐ ☐ ☐ ☐ ☐

0 1 2 3 4

0 1 2 3 4

- Die Spirituellen fühlen sich immer
  als etwas Besonderes.   ☐ ☐ ☐ ☐ ☐
- Spiritualität und Alltag sind zwei verschiedene Welten. ☐ ☐ ☐ ☐ ☐
- Ich kann im Alltag nicht spirituell sein.   ☐ ☐ ☐ ☐ ☐
- Für Meditation braucht man Ruhe.   ☐ ☐ ☐ ☐ ☐
- Wenn ich spirituell bin, brauche ich mich
  um die irdischen Themen nicht mehr zu kümmern,
  denn Gott schützt mich ja.   ☐ ☐ ☐ ☐ ☐
- Hilf dir selbst, dann hilft dir Gott.   ☐ ☐ ☐ ☐ ☐
- Jetzt wird endlich alles gut, denn … (z. B. Gott,
  die Engel etc.) kümmert/kümmern sich um alles.
  Ich kann mich zurücklehnen und abwarten.   ☐ ☐ ☐ ☐ ☐
- Ich habe keine Zeit für
  den ganzen spirituellen Schnickschnack.   ☐ ☐ ☐ ☐ ☐
- Ich bin viel zu unruhig und ungeduldig,
  um zu meditieren.   ☐ ☐ ☐ ☐ ☐
- Ich habe Angst, von meiner Umwelt gehänselt oder
  verurteilt zu werden, wenn ich von … (z. B. Gott,
  Engeln, Einhörnern etc.) erzähle.   ☐ ☐ ☐ ☐ ☐
- Man kann nicht beweisen, dass es … (z. B. einen
  Gott, eine Seele, die Engel) gibt. Deshalb gibt es
  sie nicht.   ☐ ☐ ☐ ☐ ☐
- Glauben heißt nicht wissen.   ☐ ☐ ☐ ☐ ☐
- Wenn ich spirituell bin, darf ich kein Geld,
  keinen Spaß und keinen Sex mehr haben.   ☐ ☐ ☐ ☐ ☐
- Spirituelle Menschen sitzen in Höhlen oder
  Klöstern und fasten und meditieren nur noch.
  Das passt doch nicht in unsere moderne Welt.   ☐ ☐ ☐ ☐ ☐
- Beten hat noch nie etwas bewirkt.   ☐ ☐ ☐ ☐ ☐

0 1 2 3 4

0 1 2 3 4

- Ich habe es nicht verdient, einen Schutzengel
  zu haben / von Gott beachtet zu werden. □ □ □ □ □ ˙
- Ich habe keine Lust auf Askese. □ □ □ □ □

Schreiben Sie hier jetzt alle Glaubenssätze auf, die Sie mit 4 bewertet haben, sowie diejenigen zu Spiritualität aus den Schritten 1–5.

_____

_____

_____

_____

_____

_____

_____

_____

_____

_____

_____

_____

Schauen Sie sich nun all diese Überzeugungen an, und erstellen Sie Ihre Top 3. Welche drei Sätze limitieren Ihr Leben in diesem Bereich am stärksten?

1. _____

_____

2. _____

_____

3. _____

_____

Sie haben es geschafft: Ihre Glaubenssätze, die Sie zum Teil schon ein Leben lang blockieren, stehen nun schwarz auf weiß in diesem Buch. Sie haben Sie aus den dunklen Ecken Ihres Unterbewusstseins hervorgeholt. Ich beglückwünsche Sie zu dieser großartigen Arbeit. Nur wenige Menschen tun das, was Sie gemacht haben. Es mag vielleicht anstrengend gewesen sein, doch haben Sie jetzt die Möglichkeit, all Ihre Glaubenssätze so zu verändern, dass Ihr Leben endlich auf allen Ebenen deutlich erfüllter sein darf. Und das ist die Anstrengung doch sicherlich wert, oder?

Sollten Ihnen die jeweiligen Top 25 bzw. Top 50 nicht ausg/
dann empfehle ich Ihnen, auf die Webseite von Ursula Berger zu
Dort finden Sie die von ihr gesammelten 80 DIN-A4-Seiten an Glaubenssätzen, die sie in über einem Jahr Fleißarbeit gesammelt hat:

www.statt-dessen.de

In Teil 3 des Buches geht es jetzt darum, Ihre Glaubenssätze zu *verändern*.
Sie werden unter anderem dazu aufgefordert, Ihre Glaubenssätze umzu-
deuten. Nicht jedem fällt das leicht. Daher finden Sie zur Erleichterung im
Anhang zu jedem der Glaubenssätze aus den Top 25 bzw. Top 50 eines
jeden Lebensbereiches jeweils das positive Pendant.

Teil 3

AUF IN EIN ERFÜLLTES LEBEN

Die besondere Fokussierung

»Die richtige Blickrichtung verändert Ihr Leben.«

In Teil 1 des Buches habe ich darauf hingewiesen, wie wichtig es ist, sich das Gesetz der Resonanz bzw. Anziehung nicht nur im Rahmen der Glaubenssätzearbeit, sondern generell zu eigen zu machen. Es wirkt immer, denn es ist ein Naturgesetz. Doch die wenigsten Menschen nutzen seine Kraft optimal. Wenn Sie das, was Sie manifestieren wollen, auch fühlen und zuvor die unbewussten Überzeugungen, die der Manifestation entgegensprechen, transformiert haben, wird sich das in Ihrem Leben zeigen, was Sie anziehen möchten. Ich möchte Ihnen an dieser Stelle die ganze Tragweite des Gesetzes der Anziehung aufzeigen. Die Quantenphysik besagt, dass die Energie der Aufmerksamkeit folgt. Das heißt, dass sich das verstärkt, worauf Sie Ihre Aufmerksamkeit richten.

Sicherlich kennen Sie aus Ihrem eigenen Leben die Situation, dass Sie morgens aufstehen, noch schlaftrunken irgendwo mit Ihrem Fuß gegen stoßen und dabei denken: »Verdammt, tut das weh, der Tag fängt schon gut an. Das kann ja heute nichts werden.« Wie wird der Tag dann im Allgemeinen? Ganz genau, sie kennen die Antwort! Oder sie wachen auf und sind schon wieder völlig frustriert darüber, dass Montag ist. Sie haben so gar keine Lust auf die Arbeit und ahnen schon, dass der Chef Ihnen wieder eine todlangweilige Aufgabe auftragen wird. Was glauben Sie, was für eine

Aufgabe Sie erhalten werden? Richtig, eine todlangweilige. Habe ich Sie ertappt?

Keine Bange, bei diesem »Spiel« sind Sie nicht allein. Die meisten Menschen beteiligen sich an diesem Spiel der »sich selbst erfüllenden Prophezeiung«. Dem Gesetz der Anziehung zufolge müssen Sie das Ergebnis erhalten, von dem Sie glauben, dass es eintreten werde. Wenn Sie sich also ständig die Frage stellen, weshalb Sie immer wieder »solche Loser« als Partner bekommen, dann wissen Sie jetzt aufgrund dieser Gesetzmäßigkeit, warum. Wenn Sie sich innerlich die Frage stellen: »Warum immer ich?«, dann ist die Antwort ganz einfach: Weil Sie »es« anziehen, jeden Tag aufs Neue. Die Energie folgt der Aufmerksamkeit. Schauen Sie täglich voller Angst oder Frust in den Briefkasten, weil Sie nur Rechnungen erwarten, dann schreien Sie förmlich danach, Rechnungen zu erhalten. So einfach ist das.

Das Leben ist absolut einfach, wenn Sie wissen, wie es funktioniert.

Erinnern Sie sich an das Modell des Lebens. So schwer es bisher für Sie auch war, Ihr Leben zu verändern, so leicht fällt es Ihnen, wenn Sie um die Zusammenhänge wissen. Und genauso verhält es sich mit dem Gesetz der Resonanz.

Doch kommen wir jetzt zur »Besonderen Fokussierung«. Sie funktioniert ganz einfach: Richten Sie Ihren Fokus auf das, was Sie wollen, und nicht auf den täglichen »Mist«, der Ihnen widerfährt. Je mehr Sie sich auf den Mist konzentrieren, desto größer wird Ihr »Misthaufen« – und desto mehr stinkt er auch. Menschen, die in Depressionen verfallen, können davon ein Lied singen. Sie haben irgendwann die »Ausfahrt« verpasst und sind aufgrund ihrer Fokussierung immer mehr die Spirale der Depression hinabgerutscht. Irgendwann überschreiten sie den Punkt, ab dem sie nicht mehr von allein von ihrer depressiven Stimmung wegkommen.

Verändern Sie also Ihren Blickwinkel. Die meisten Menschen wissen, was sie nicht wollen, und wundern sich, dass dieser Mist so hartnäckig an ihnen klebt. Komisch, dass die Menschen, die wissen, was sie wollen, deutlich erfolgreicher sind als diejenigen, die nur wissen, was sie nicht wollen. Sie haben eindeutig einen anderen Fokus. Und wenn sie dann einmal Erfolg haben und diesen Erfolg auch in all ihren Zellen fühlen können, kommen sie nicht drum herum, noch mehr Erfolg zu haben. Denn Erfolg zieht Erfolg an. So wie Misserfolg auch Misserfolg anzieht. Das Gesetz der Anziehung wirkt immer.

Ich selbst zog jahrzehntelang immer wieder Mist an, bis ich verstand. Heute ist es anders: Der Erfolg klopft an meine Tür und das ziemlich laut. Sehr gerne lasse ich ihn dann herein. Und genau das Gleiche kann Ihnen auch geschehen. Denn was ich kann, können Sie genauso gut.

Nehmen Sie sich jetzt einen Augenblick Zeit, über Ihr Leben nachzudenken. Nein, Sie sollen keine philosophische Stunde einläuten. Stellen Sie sich folgende Frage, und erforschen Sie sich: *Worauf richte ich in meinem Leben den Fokus?* Stellen Sie sich diese Frage zu allen Bereichen Ihres Lebens und schreiben Sie sich die Antworten auf. Je intensiver Sie diese Form der Selbsterforschung durchführen, desto häufiger werden Sie sich »ertappen«.

Wenn ich *ganz ehrlich* zu mir bin, worauf richte ich generell meinen Fokus: auf die Dinge, die funktionieren, oder auf die, die nicht funktionieren?

Wie sind meine Ergebnisse in meinem Leben? Eher positiv oder eher negativ?

_____

_____

Woran denke ich am Morgen, wenn ich aufwache? An Positives oder an Negatives?

_____

_____

Mit welchen Gedanken gehe ich am Abend ins Bett? Mit problembehafteten oder mit glücklichen Gedanken?

_____

_____

Worauf richte ich meinen Fokus in meiner Beziehung? (Wenn Sie gerade Single sind, betrachten Sie – auch in der Folge – Ihre ehemaligen Beziehungen.)

_____

_____

Woran denke ich am ehesten, wenn ich an meinen Partner denke? An die Aspekte, die ich an ihm liebe oder an die, die mir an ihm nicht gefallen?

_____

_____

Kritisiere ich meinen Partner eher oder sage ich ihm, was ich an ihm mag?

_____

_____

Worauf richte ich meinen Fokus in Bezug auf mein Berufsleben?

_____

_____

Worauf richte ich meinen Fokus in Bezug auf Geld und Reichtum? Bin ich mehr auf Mangel oder mehr auf Fülle ausgerichtet? Neide ich den Reichen ihren Reichtum oder freue ich mich mit ihnen?

_____

_____

Worauf richte ich meinen Fokus bei meiner Gesundheit? Bin ich ein eher kranker oder ein eher gesunder Mensch? Wie gehe ich mit meinem Körper um: Sorge ich für ihn oder missbrauche ich ihn?

_____

_____

Worauf richte ich meinen Fokus in Bezug auf mich selbst?

_____

_____

Welcher Art sind meine Gedanken über mich selbst: positiv oder negativ?

_____

_____

Beschuldige und verurteile ich mich eher oder lobe ich mich für das, was ich tue?

_____

_____

Wenn etwas nicht funktioniert, beschuldige ich eher andere dafür oder frage ich mich, was das mit mir zu tun hat?

_____

_____

Bin ich im Alltag eher bei mir oder eher im Außen?

_____

_____

Seien Sie bei allen Antworten wirklich ehrlich zu sich. Nur so finden Sie heraus, worauf Sie in Ihrem Leben ausgerichtet sind. Stellen Sie sich abschließend für jeden Bereich die Frage:

Was möchte ich in Zukunft anders machen?

Beschreiben Sie auf den folgenden Seiten ausführlich, was genau Sie anders machen möchten und was genau Sie tatsächlich tun werden.

Alltag generell:

_____

_____

_____

_____

_____

Beruf:

_____

_____

_____

_____

_____

Geld und Reichtum:

_____

_____

Beziehung zu meinem Partner:

Beziehung zu mir selbst:

Körper und Gesundheit:

Kommen wir jetzt wieder zu unserem Hauptthema, den Glaubenssätzen. Welche Glaubenssätze haben dazu geführt, dass Ihre Aufmerksamkeit hauptsächlich darauf fokussiert ist, worauf sie aktuell liegt?

Alltag generell:

Beruf:

_____

_____

_____

_____

_____

Geld und Reichtum:

_____

_____

_____

_____

_____

Beziehung zu meinem Partner:

_____

_____

Auf in ein erfülltes Leben

Beziehung zu mir selbst:

Körper und Gesundheit:

Stück für Stück wird aus den vielen Einzelteilen ein fertiges Puzzle. Sie erkennen wahrscheinlich immer genauer, weshalb Ihr Leben so ist, wie es ist. Verändern Sie also Ihr Leben, indem Sie Ihre Aufmerksamkeit immer mehr auf das,

* was Sie wollen,
* was funktioniert,
* und auf Gesundheit, Fülle und Glück richten.

Werden Sie vom Opfer zum Schöpfer. Denn wie Sie bereits wissen, sind Sie sowieso der Architekt Ihrer eigenen Wirklichkeit. Nutzen Sie also Ihre Schöpferkraft (bzw. Ihre Erschaffenskraft, falls Ihnen »Schöpferkraft« zu spirituell klingt). Allerdings sage ich immer: »*Lieber spirituell und dabei reich und glücklich als rational und dabei pleite und unglücklich.*« Sie haben die Wahl!

Achten Sie also ab heute immer darauf, worauf in Ihrem Alltag Ihr Fokus liegt. Und sollten Sie einmal den positiven Fokus verlieren, gibt es eine Zauberformel, die Sie sofort wieder auf den positiven Pfad zurückbringt. Diese heißt: Was will ich stattdessen? Wenn Sie sich diese Frage stellen, ist Ihre Aufmerksamkeit und somit Ihre Energie sofort wieder auf das gerichtet, was Sie wollen.

Zum Schluss möchte ich Ihnen noch eine Übung vorstellen, die Ihr Leben innerhalb kürzester Zeit radikal verändern kann.

Sieben Tage, die Ihr Leben radikal verändern können

Nehmen Sie sich ab heute vor, eine Woche lang genauestens darauf zu achten, dass Ihre Aufmerksamkeit den ganzen Tag ausschließlich auf die positiven Dinge des Lebens gerichtet ist. Beginnen Sie damit beim Aufwachen und enden Sie beim Einschlafen. Verlieren Sie zwischendurch den Fokus, nutzen Sie die Zauberformel:»Was will ich stattdessen?«

Die Veränderung der Glaubenssätze ist also der erste Schritt, der zweite die »Besondere Fokussierung«.

Notizen

Sieben verschiedene Varianten zum Verändern Ihrer Glaubenssätze

»Der Schlüssel zu einem erfüllten und glücklichen Leben
liegt in der Veränderung der bewussten und unbewussten
limitierenden Überzeugungen.«

Im Rheinland heißt es so schön: »Jede Jeck is anders!« Aus diesem Grund möchte ich Ihnen an dieser Stelle verschiedene Möglichkeiten an die Hand geben, wie Sie Ihre Glaubenssätze verändern können. Probieren Sie einfach einmal alle durch, und wählen Sie dann die Übung aus, mit der Sie am erfolgreichsten sind und die Ihnen am besten liegt. Viele entstammen meiner Methode »Quantum Energy«.[15] Allesamt sind hundertfach erprobt und funktionieren wunderbar.

Bevor Sie beginnen, überprüfen Sie noch einmal, ob Sie Ihre Überzeugungen auch in eine Reihenfolge gebracht haben. Die Erfahrung zeigt, dass, wenn Sie mit dem Sie am stärksten beeinflussenden Glaubenssatz beginnen, sich vielfach auch die daran anknüpfenden Glaubenssätze mit verändern. So machen Sie sich die Arbeit deutlich leichter und müssen nicht all Ihre Sätze bearbeiten. Auch sollten Sie nicht alle Überzeugungen direkt nacheinander transformieren. In der Fahrschule haben Sie ja auch nicht alle Fahrstunden direkt nacheinander genommen. Geben Sie Ihrem Körper Zeit, damit er die Veränderungen auch aufnehmen und integrieren kann. Genießen Sie Ihre Veränderungen Stück für Stück.

Zu Beginn kann es sinnvoll sein zu testen, ob gerade der richtige Zeitpunkt ist, einen entsprechenden Glaubenssatz zu verändern. Die Erfahrung zeigt,

---

15 Mehr dazu im bereits erwähnten Schirner-Bestseller Quantum Energy bzw. auf meiner Webseite: www.quantum-energy.de

dass es ab und zu Situationen gibt, bei denen die Übung zur Veränderung keine Wirkung zeigt. Selbst nach mehrmaligem Wiederholen verändert sich nichts. Dann kann es sein, dass noch nicht der richtige Zeitpunkt gekommen ist.

Daher schlage ich Ihnen vor, zu Beginn jeder Übung den sogenannten kinesiologischen Test durchzuführen. Mithilfe dieses Tests finden Sie schnell heraus, ob es im Moment richtig ist, die Übung zu machen, oder nicht. Die Kinesiologie besagt, dass Dinge, die uns guttun bzw. die wahr sind, uns Kraft schenken. Im Gegensatz dazu schwächen uns all jene Dinge, die nicht wahr sind bzw. uns nicht guttun. Wenn also gerade der richtige Zeitpunkt für die Übung ist, werden Sie gleich kraftvoll sein, im anderen Fall eher nicht.

Der kinesiologische Test

Setzen Sie sich auf einen Stuhl. Legen Sie die Hand, in der Sie mehr Kraft haben, auf das Knie der gleich Seite. Sagen Sie jetzt: »Mein Name ist ... (fügen Sie Ihren Namen ein)«, und drücken Sie dabei Ihr Knie so kräftig, wie es irgend geht, nach oben, während Ihre Hand mit aller Kraft dagegenhält. Sie konnten Ihr Knie kaum anheben, richtig? Sie sehen: Die Wahrheit verleiht Ihnen Kraft. Wiederholen Sie die Übung, aber nennen Sie nun einen anderen Namen, lügen Sie also. Dieses Mal ging es vermutlich deutlich leichter, das Knie anzuheben, oder? Sie sehen: Eine Lüge schwächt sie. So funktioniert der kinesiologische Test.

Gehen Sie einen Schritt weiter. Fragen Sie sich: »Ist es sinnvoll und angemessen, dass meine Überzeugung jetzt transformiert wird?«, und wiederholen Sie den Test. Fiel es Ihnen schwer, dass Knie anzuheben, oder eher leicht? Im ersteren Fall ist jetzt der richtige Zeitpunkt, im letzteren ergibt es Sinn, die Glaubenssatzveränderung zu einem späteren Zeitpunkt durchzuführen. Den kinesiologischen Test können Sie bei allen Entscheidungen nutzen, auch bei Kaufentscheidungen, z. B. wenn Sie sich nicht sicher sind, welches von zwei Produkten Sie nehmen sollen oder ob Sie ein Produkt generell nehmen sollen. Ihr Körper weist Ihnen den richtigen Weg.

Bevor wir gleich zu den verschiedenen Übungen der Glaubenssatztransformation kommen: Es ist für viele Übungen wichtig, dass Sie ein positives Pendant, ein »Stattdessen« zu Ihrem negativen Satz finden, damit eine Veränderung stattfinden kann. Achten Sie jedoch darauf, dass der neue Satz tatsächlich ein *passendes* Gegenstück darstellt.

Nehmen Sie sich Ihre erste limitierende Überzeugung vor. Überlegen Sie, wie die Überzeugung heißen muss, damit sie Ihnen förderlich ist. Wenn z. B. Ihr negativer Satz heißt: »Frauen sollten lieber in der zweiten Reihe stehen«, dann könnte Ihr Pendant lauten: »Ich bin kraftvoll und stark genug, um in der ersten Reihe zu stehen.« Oder Ihre limitierende Überzeugung heißt vielleicht: »Erfolgreich sind nur die anderen.« Ihr Stattdessen könnte lauten: »Ich bin ein Erfolgsmagnet.« Formulieren Sie Ihren neuen Satz also so, dass er Ihnen optimal dienlich ist. Schreiben Sie jetzt Ihren neuen Glaubenssatz auf. Er sollte möglichst knapp und vor allem positiv formuliert sein. Also nicht: »Ich brauche keine Aufmerksamkeit mehr«, sondern z. B.: »Ich bin mir selbst am wichtigsten.«

Nehmen Sie sich jetzt der Reihe nach Ihre Top 3 jedes Lebensbereiches vor, und formulieren Sie jeden Satz um:[16]

---

16 Nicht jedem fällt das leicht. Daher finden Sie zur Erleichterung im Anhang zu den Top 25 bzw. Top 50 eines jeden Lebensbereiches das jeweilige positive Pendant.

Das Leben generell

1. Hemmender Glaubenssatz:

_____

_____

Förderlicher Glaubenssatz:

_____

_____

2. Hemmender Glaubenssatz:

_____

_____

Förderlicher Glaubenssatz:

_____

_____

3. Hemmender Glaubenssatz:

_____

_____

Förderlicher Glaubenssatz:

_____

_____

Selbstwert, Selbstvertrauen und Selbstliebe

1. Hemmender Glaubenssatz:

_____

_____

Förderlicher Glaubenssatz:

_____

_____

2. Hemmender Glaubenssatz:

_____

_____

Förderlicher Glaubenssatz:

_____

_____

3. Hemmender Glaubenssatz:

_____

_____

Förderlicher Glaubenssatz:

_____

_____

Körper, Gesundheit und das Altern
1. Hemmender Glaubenssatz:

_____

_____

Förderlicher Glaubenssatz:

_____

_____

2. Hemmender Glaubenssatz:

_____

_____

Förderlicher Glaubenssatz:

_____

_____

3. Hemmender Glaubenssatz:

_____

_____

Förderlicher Glaubenssatz:

_____

_____

Partnerschaft, Ehe, Familie und Sexualität
1. Hemmender Glaubenssatz:

_____

_____

Förderlicher Glaubenssatz:

_____

_____

2. Hemmender Glaubenssatz:

_____

_____

Förderlicher Glaubenssatz:

_____

_____

3. Hemmender Glaubenssatz:

_____

_____

Förderlicher Glaubenssatz:

_____

_____

(Aus)bildung, Beruf, Berufung und Karriere
1. Hemmender Glaubenssatz:

_____

_____

Förderlicher Glaubenssatz:

_____

_____

2. Hemmender Glaubenssatz:

_____

_____

Förderlicher Glaubenssatz:

_____

_____

3. Hemmender Glaubenssatz:

_____

_____

Förderlicher Glaubenssatz:

_____

_____

Erfolg, Geld und Reichtum

1. Hemmender Glaubenssatz:

_____

_____

Förderlicher Glaubenssatz:

_____

_____

2. Hemmender Glaubenssatz:

_____

_____

Förderlicher Glaubenssatz:

_____

_____

3. Hemmender Glaubenssatz:

_____

_____

Förderlicher Glaubenssatz:

_____

_____

Spiritualität
1. Hemmender Glaubenssatz:

_____

_____

Förderlicher Glaubenssatz:

_____

_____

2. Hemmender Glaubenssatz:

_____

_____

Förderlicher Glaubenssatz:

_____

_____

3. Hemmender Glaubenssatz:

_____

_____

Förderlicher Glaubenssatz:

_____

_____

Hier kommen nun die Übungen, mit deren Hilfe Sie Ihre Überzeugungen endgültig verändern können:

Variante 1: Die Kraft der Visualisierung

Nehmen Sie sich eine Ihrer Überzeugungen vor. Sorgen Sie dafür, dass Sie die nächsten Minuten ungestört sind. Setzen oder legen Sie sich hin. Schließen Sie Ihre Augen, und machen Sie es sich so bequem wie möglich. Stellen Sie sich vor, wie Sie in einer neuen, förderlichen Überzeugung handeln. Also nicht, wie Sie handeln werden, sondern wie Sie bereits aktiv handeln. Das ist äußerst wichtig. Malen Sie sich die Situation in allen Farben aus. Hören Sie sich handeln, und fühlen Sie vor allem, wie Sie handeln. Je intensiver Sie dies tun, desto besser. Spüren Sie mit der Zeit, wie Vorstellung und Realität miteinander verschwimmen. Es gibt jetzt nur noch Sie und Ihre neue Situation. Alles ist eins. Kommen Sie nach einigen Minuten (so lange, wie Sie für die Übung brauchen) mit Ihrer Aufmerksamkeit zurück ins Hier und Jetzt, und öffnen Sie Ihre Augen.

Wie war das für Sie, sich in der neuen förderlichen Situation zu spüren? Machen Sie diese Visualisierung am besten jeden Morgen und jeden Abend – jeweils kurz nach dem Aufwachen und direkt vor dem Einschlafen, 30 Tage ohne Unterbrechung. Sollten Sie es einen Tag auslassen, müssen Sie wieder von vorn beginnen.[17] Achten Sie darauf, im Alltag mehr und mehr nach Ihrer neuen Überzeugung zu handeln. Je mehr sie diese integrieren, desto leichter fällt es Ihnen. Sie wird Ihnen immer vertrauter und bietet Ihnen somit die nötige Sicherheit.

Sie werden sehen, wie Ihre neue Überzeugung mehr und mehr Teil Ihrer Natur wird. Es kann sein, dass Ihre alte Überzeugung sich wieder meldet. Doch werden Sie es erkennen und haben dann die Möglichkeit, sich der neuen Überzeugung entsprechend zu entscheiden.

Weshalb ist es wichtig, die Übung nach dem Aufwachen bzw. vor dem Einschlafen durchzuführen? Zu diesem Zeitpunkt befindet sich Ihr Gehirn im sogenannten Alpha-Zustand. Dieser Zustand ist dem während einer Meditation ähnlich: Die Gedanken und der Körper sind ruhiger. Somit ist es bedeutend einfacher, die Übung durchzuführen, und sie gelangt schneller in Ihr Unterbewusstsein.

Variante 2: Nutzen der eigenen Schöpferkraft
Machen Sie es sich bequem, und schließen Sie Ihre Augen. Nehmen Sie sich ganz wahr, so, wie Sie gerade stehen, sitzen oder liegen. Achten Sie jetzt auf Ihren Atem, wie er kommt und wie er geht, und lassen Sie sich über Ihren Atem in einen entspannten Zustand gleiten. Spüren

---

17 Diese sogenannte 30-Tage-Übung beruht auf den aktuellen wissenschaftlichen Erkenntnissen der NASA. Bei Experimenten stellte die NASA fest, dass nach 25–30 Tagen des ununterbrochenen Handelns im Gehirn neue und dauerhafte neuronale Vernetzungen und somit neue Gewohnheiten entstehen.

Sie, wie der Alltag mehr und mehr von Ihnen abfällt, die Schultern sich entspannen, die Arme schlapp herunterhängen und auch der restliche Körper schwerer und schwerer wird.

Wenn Sie sich ganz entspannt fühlen und der Verstand ruhiger und ruhiger geworden ist, nehmen Sie Kontakt zu Ihrem blockierenden Glaubenssatz auf. Visualisieren Sie den Satz so, dass er klar vor Ihrem Auge sichtbar wird. Nehmen Sie die Kraft wahr, die Ihre Überzeugung ausstrahlt, die Macht, die sie über Sie hat. Ist das nicht unglaublich?

Nun erinnern Sie sich daran, dass in der Bibel steht, dass Gott Sie nach seinem Ebenbild erschaffen hat. Stellen sich vor, wie Sie ganz in Ihre Schöpferkraft gehen. Nehmen Sie sich die dafür notwendige Zeit, und bauen Sie diese Kraft mehr und mehr auf. Sie sind Architekt Ihrer eigenen Wirklichkeit. Sie sind Schöpfer, Sie sind großartig und kraftvoll. Spüren Sie, wie immer mehr Kraft in Ihren Körper fließt, wie all die Kraft, die bisher in Ihrem Energiefeld geschlafen hat, mit einem Mal wach und in Ihren Körper gezogen wird. Nehmen Sie Ihre ganze Macht wahr. Die Zellen werden durchflutet von Ihrer Kraft, Ihrer Energie.

Wenn Ihre Zellen aufgetankt sind, lassen Sie die Überzeugung wieder vor Ihrem inneren Auge auftauchen. Es kann sein, dass Ihnen das jetzt bereits schwerfällt. Erscheint sie dennoch, nutzen Sie Ihre Schöpferkraft, und lassen Sie mit dieser den Satz verblassen, so wie eine Wolke, die durch die Kraft der Sonne immer dünner und feiner wird, bis sie irgendwann völlig verschwindet und nur noch blauen Himmel hinterlässt. Nutzen Sie Ihre Macht, um in Ihrer Welt einen strahlend blauen Himmel zu erschaffen.

Konzentrieren Sie sich nun erneut auf Ihren Atem, wie er kommt und wieder geht. Kommen Sie über Ihren Atem wieder ganz ins Hier und Jetzt zurück, und öffnen Sie Ihre Augen.

Können Sie Ihre Schöpferkraft noch spüren? Machen Sie jetzt den Selbsttest. Stellen Sie sich noch einmal Ihre ehemalige Überzeugung vor. Ist sie noch da, hat sie noch Kraft? Wenn ja, dann wiederholen Sie die Übung. Testen Sie in einigen Tagen erneut. Es gibt zwei Möglichkeiten. Erstens, sie finden kein Gefühl bzw. keine Resonanz mehr. Zweitens, die Resonanz ist noch da, dann kann es sein, dass Ihr Unterbewusstsein so machtvoll war, sich den Glaubenssatz wiederzuholen. Wenn das so ist, führen Sie die Übung 30 Tage lang jeden Morgen nach dem Aufwachen und jeden Abend vor dem Schlafengehen einmal durch.

Variante 3: Glaubenssätze an den Absender zurückschicken

Wie Sie bereits erfahren haben, werden wir nur selten mit Glaubenssätzen geboren. Wir eignen sie uns durch Erfahrungen an oder übernehmen die Überzeugungen von unseren Eltern, Großeltern, Lehrern, aus den Medien etc. Mithilfe der folgenden Übung sind Sie durch drei Schritte in der Lage, Glaubenssätze, die Sie übernommen haben bzw. die man Ihnen »eingeimpft« hat, ihrem Absender zurückzugeben und sich dadurch von ihnen zu befreien.

Nehmen Sie sich im ersten Schritt Ihre Überzeugungen nacheinander vor. Stellen Sie sich für jede Überzeugung folgende Frage: »*Ist das mein Glaubenssatz?*« Vertrauen Sie der Antwort, die sofort da ist, Ihrer Intuition.[18] Überall dort, wo Sie ein klares Nein bekommen, schreiben Sie ein »N« hinter den Satz.

Wenn Sie alle Sätze herausgefunden haben, die nicht zu Ihnen gehören, schreiten Sie zum zweiten Schritt. Stellen Sie sich zu jedem der

---

18 Falls Sie glauben, nicht zwischen Verstand und Intuition unterscheiden zu können: Sie erkennen den Unterschied daran, dass die Intuition stets schneller antwortet. Der Verstand muss erst eine Antwort finden, indem er in der Vergangenheit forscht, während die Intuition die Antwort sofort parat hat.

Sätze folgende Frage: »*Von wem stammt dieser Satz?*« Notieren Sie wiederum Ihre Antwort dahinter (Papa, Mama, Opa, die Lehrer, die Medien usw.).

Im dritten Schritt stellen Sie sich nun vor, wie die jeweilige Person (oder Institution) vor Ihnen steht, und geben Sie Ihr den entsprechenden Satz zurück, indem Sie sagen: »*Liebe(r) ..., ich gebe dir hiermit den Glauben X (nennen Sie den Glaubenssatz) zurück, da er ein Teil von dir ist. Ich bin ab sofort für alle Zeit von ihm frei.*«

Wiederholen Sie das mit jedem Satz, und spüren Sie jedes Mal nach, was sich in Ihnen verändert.

Variante 4: Den Glaubenssatz ersetzen

Diese Übung basiert auf dem Quantenbewusstsein – der Erkenntnis, dass die Energien unserer Handlungen, Emotionen und Denkgewohnheiten in dem uns umgebenden Energiefeld, dem sogenannten Quantenhologramm, wie es in der Quantenphysik genannt wird, gespeichert sind.[19] Rupert Sheldrake, Biologe der neuen Wissenschaften, bezeichnet es als das »persönliche morphogenetische Feld«[20]. Sie kennen es vielleicht auch unter dem Begriff »Aura«.

Überlegen Sie sich wiederum, welche Überzeugung, welchen Glaubenssatz Sie verändern wollen. Jetzt fragen Sie sich, was Sie stattdessen wollen, was Ihr neuer, positiver Glaubenssatz ist, und notieren Sie sich diesen auf einem Blatt Papier. Schließen Sie nun Ihre Augen. Erspüren Sie Ihr Energiefeld, das um Sie herum ist. Vielleicht nehmen Sie

---

19 Mehr zum Thema Quantenbewusstsein und den dazugehörigen Übungen in meinem Buch *Quantum Energy.*

20 Vgl. Sheldrake, R.: *Das schöpferische Universum.* Ullstein 2009

ein Vibrieren wahr oder sehen sogar etwas vor ihrem inneren Auge, vielleicht haben Sie auch nur eine vage Ahnung.

Sobald Sie es wahrnehmen können, erspüren Sie, wo in Ihrem Energiefeld Sie den limitierenden Glaubenssatz entdecken. Irgendwo darin ist die Schwingung hierfür gespeichert. Vielleicht brauchen Sie einen Augenblick, weil es für Sie ungewohnt ist. Lassen Sie sich genügend Zeit, und folgen Sie Ihrer Intuition. Sie weiß, wo die Schwingung zu finden ist.

Erfühlen Sie als Nächstes, wo im Feld Sie die Energie der neuen, förderlichen Überzeugung wahrnehmen. Wenn Sie sie gefunden haben, machen Sie Folgendes: Nehmen Sie mit der einen Hand ganz bewusst die limitierende Überzeugung aus Ihrem Energiefeld heraus, und schmeißen Sie sie weit weg von sich auf den Boden. Nehmen Sie direkt im Anschluss Ihren neuen Glaubenssatz, und setzen Sie ihn an die Position, wo eben noch die limitierende Überzeugung war. Spüren Sie dann nach, was sich verändert hat.

Das war es schon. Zu einfach, denken Sie? Aber so einfach geht es in der heutigen Zeit. Im Anschluss können Sie testen, wie gut die Übung funktioniert hat, indem Sie sich vorstellen, wie Sie in der Zukunft in eine Situation kommen, in der Ihnen Ihr alter Glaubenssatz normalerweise hinderlich gewesen wäre. Wie fühlt er sich an: eher limitierend oder eher förderlich? Anhand dieses Gefühls erkennen Sie, ob sich gerade etwas verändert hat. Es kann auch sein, dass Sie für die ehemalige Überzeugung gar kein Gefühl mehr entwickeln können, weil sie verschwunden ist. Das habe ich bereits sehr oft erlebt. Ist das Gefühl noch wie zuvor hemmend, oder haben Sie den Eindruck, dass die Wirkung der Übung noch nicht ausreicht, dann wiederholen Sie die Übung ruhig noch einmal. Das Ergebnis sollte so sein, dass sich die visualisierte Situation für Sie in der Zukunft nicht mehr hinderlich, besser sogar positiv anfühlt.

Variante 5: Durch Synchronisation zur neuen Matrix
Diese Übung beginnt wie die vorherige, arbeitet jedoch mit dem »Prinzip der Verschränkung«[21]. Nehmen Sie sich einen Glaubenssatz vor, für den Sie ein förderliches Pendant gefunden haben. Sprechen Sie ihn dann einmal aus. Fühlt er sich gut an? Dann sind Sie bereits auf dem richtigen Weg. Stellen Sie sich mit dem Rücken vor Ihr Bett, Sofa oder vor einen Sessel, für den Fall, dass die Übung Sie zum Umfallen bringt. Sollte es passieren, lassen Sie es ruhig zu. Es wird sich gut anfühlen. Sorgen Sie dafür, dass Sie vor sich mindestens eine Armlänge Platz haben. Schließen Sie Ihre Augen und stellen Sie sich wiederum das Energiefeld vor, das Sie umgibt. Sie müssen das Feld weder sehen noch fühlen können. Es reicht völlig aus, wenn Sie wissen, dass es existiert.

Bevor Sie nun die eigentliche Übung durchführen, gilt es noch, eine positive Absicht zu formulieren – damit die Energie der Veränderung auch weiß, in welche Richtung sie fließen soll. Die Absicht leitet die Veränderung in die gewünschte Richtung. Diese Absicht sollte immer so formuliert sein, als wäre sie bereits passiert. Die einfachste Absicht, die für alles passt, heißt »verändert« oder »transformiert«. Denn darum geht es ja, dass sich Ihr Glaubenssatz verändert. Natürlich können Sie auch eine andere Absicht formulieren. Achten Sie darauf, dass sie möglichst kurz, knapp, konkret und vor allem positiv formuliert ist.

---

21 Das Prinzip der Verschränkung kommt aus der Quantenphysik. In einer Reihe von Experimenten wurde ein Photon (das kleinste bekannte Lichtteilchen) in zwei Teile geteilt und an zwei weit voneinander entfernten Orten postiert. Eines der beiden Lichtteilchen beschossen die Forscher mit Informationen. Im gleichen Moment erhielt das andere Teilchen automatisch dieselbe Information. Dies passierte immer wieder, und ohne Zeitverzögerung. Die Forscher konnten daraus schließen, dass die Teilchen trotz der Entfernung nicht voneinander getrennt sind. Sie sind über das universelle Energiefeld immer noch miteinander verbunden. Das Wissen um das Prinzip der Verschränkung nutzt diese Übung.

Spüren Sie sich jetzt in Ihr Energiefeld hinein, und nehmen Sie die Schwingungen beider Glaubenssätze wahr. Legen Sie dann eine Hand an die Stelle, wo Sie Ihren hinderlichen Glaubenssatz wahrnehmen und die andere Hand dorthin, wo sich die Energie der positiven Überzeugung befindet. Das kann an Ihrem Körper sein oder außerhalb. Konzentrieren Sie sich nun nur noch auf Ihre beiden Hände. Alles andere um Sie herum verschwindet aus Ihrer Wahrnehmung. Formulieren Sie danach gedanklich einmal kurz Ihre Absicht »verändert« oder »transformiert«. Halten Sie Ihre Konzentration so lange, bis Sie fühlen, dass es gut ist. Ihre Intuition wird Ihnen dies mitteilen. Wahrscheinlich beginnt Ihr Körper dabei zu schwanken. Sollten Sie umfallen, ist es das eindeutige Signal dafür, dass es gut ist.

Das war es auch schon. Testen Sie im Anschluss wieder, was sich verändert hat, und wiederholen Sie gegebenenfalls die Übung.

Transformation des Glaubenssatzes

Gut, Ihr Verstand möchte verstehen, was da gerade passiert ist. Es ist ganz einfach: In dem Moment, in dem Sie sich nur noch auf Ihre beiden Hände konzentrieren, entsteht im Kopf eine Leere (oder sind Ihnen etwa Gedanken dabei durch den Kopf geschwirrt?). Diese Leere führt dazu, dass ein Impuls gesetzt wird, der wiederum seinerseits beide Punkte miteinander synchronisiert hat – so wie beim Prinzip der Verschränkung. Die Energie des negativen und die des positiven Glaubenssatzes wurden – so die neuen Wissenschaften – miteinander verschränkt. Der alte wurde durch den neuen automatisch ersetzt. Für alle Pessimisten unter Ihnen, die jetzt schon die Frage im Hinterkopf haben, ob es auch andersherum funktionieren kann: Ich habe die Übung schon mit Hunderten von Menschen durchgeführt, und der umgekehrte Fall ist nicht einmal eingetreten. Aus einem Grund, der noch nicht nachgewiesen wurde, findet die Synchronisation immer in positiver Richtung statt. Es scheint eine Gesetzmäßigkeit zu sein.

Variante 6: Veränderung des Glaubenssatzes auf der Lebenslinie

Diese Übung ermöglicht es Ihnen, die blockierende Energie des Glaubenssatzes dort zu verändern, wo sie entstanden ist. Stellen Sie sich erneut so hin, dass Sie bei einem möglichen Umfallen weich landen. Schließen Sie dann Ihre Augen, und denken Sie an eine Situation, in der Sie bisher durch Ihre Überzeugung ein negatives Ergebnis erhielten. Irgendwo in Ihrem Körper entsteht jetzt vermutlich ein ungutes Gefühl. Genau dorthin legen Sie eine Hand. Die andere Hand ruht auf der ersten Hand. Jetzt stellen Sie sich vor, wie sich vor Ihnen Ihre Vergangenheit erstreckt.[22] Ganz langsam lassen Sie nun Ihre zweite Hand

---

22 Aus der Timeline-Arbeit des Neurolinguistischen Programmierens (NLP) wissen wir, dass sich die Vergangenheit normalerweise hinter uns befindet, die Zukunft vor uns. Das Prinzip der Verschränkung weist jedoch nach, dass Raum und Zeit nur Illusion sind und unserer Vorstellung entstammen. Somit ist es auch möglich, die Vergangenheit vor sich zu haben.

nach vorne in Ihre Vergangenheit gleiten. In dem Moment, an dem Sie den Zeitpunkt des Entstehens des Glaubenssatzes erreichen, werden sich wiederum ganz automatisch beide Punkte synchronisieren bzw. verschränken. In diesem Moment denken Sie das Wort »transformiert«. Genießen Sie das Umfallen, Schwanken oder das, was auch immer passiert. Es mag auch sein, dass Sie gar nichts wahrnehmen. Doch kann ich Sie beruhigen. Auf der energetischen Ebene findet etwas statt, ob Sie das nun spüren oder nicht. Vielleicht fällt es Ihnen leichter, wenn Sie zu Beginn ganz leicht in die Knie gehen, anstatt die Beine durchzudrücken. Testen Sie im Anschluss wieder, ob bzw. was sich verändert hat, und wiederholen Sie gegebenenfalls die Übung.

Variante 7: Die Transformation des Zellbewusstseins

Sie haben jetzt verschiedene Übungen kennengelernt, mithilfe derer Sie Ihre Überzeugungen transformieren können. Dies setzt allerdings voraus, dass Sie anhand des praktischen Glaubenssatzfinders herausgefunden haben, welche Überzeugung hinter Ihrem emotionalen Verhaltensmuster steckt. Es gibt jedoch Überzeugungen, die so tief sitzen, dass sie diese trotz des Finders nicht entdecken können, oder die trotz aller vorherigen Übungen nicht aus Ihrer Welt zu schaffen sind. Sie sind einfach zu tief im Unterbewusstsein verankert und scheinen förmlich mit Ihnen verwachsen zu sein. Das liegt häufig daran, dass wir – aufgrund unserer Erfahrungen – unbewusst davon überzeugt sind, dass dieses Muster überlebenswichtig sei. Also wird Ihr Körpersystem alles Notwendige tun, damit das Muster erhalten bleibt. Sie können visualisieren oder transformieren, bis der Jüngste Tag kommt. Tief in Ihrem Unterbewusstsein läuft ein »Sabotageprogramm« ab, das dafür sorgt, dass keine Veränderung stattfindet. Nachvollziehbar, denn Ihr bisheriges Programm glaubt aufgrund der alten Erfahrungen, dass Sie ohne es nicht überleben können. Unser Körper ist darauf ausgelegt, perfekt für sich zu sorgen. Also wird er alles dafür tun, am Leben zu bleiben. So umwerfend unser Verstand auch ist, er hat nicht gelernt, zwischen der Vergangenheit und der Gegenwart zu unterscheiden.

Die Transformation des Zellbewusstseins ist so kraftvoll, dass sie es Ihnen ermöglicht, mittels einer Zeitreise Ihre kompletten Erinnerungen an die Vergangenheit zu verändern. Selbstverständlich lassen sich nicht die erlebten Situationen verändern, jedoch die damit verbundenen Gefühle, die auch heute noch in entsprechenden Situationen in Ihnen aufsteigen. Sie brauchen bei dieser Übung nicht genau zu wissen, welche negative Überzeugung hinter Ihrem Verhaltensmuster steckt. Die Richtung allein genügt.

Der Name der Übung beschreibt das, was passiert. Die Informationen in Ihrem Zellbewusstsein werden überschrieben. Die DNS wird umprogrammiert. Und weil in jeder Zelle Ihres Körpers alle Informationen vorhanden sind, transformieren sich all Ihre 50 Billionen Zellen.[23] Die Übung scheint auf den ersten Blick sehr aufwendig zu sein. Sie werden jedoch feststellen, dass sie vermutlich nicht länger als 15 bis 20 Minuten dauern wird. Bitte führen Sie diese Übung nicht durch, indem Sie sie ablesen oder auswendig lernen. Das wird nicht funktionieren. Entweder sprechen Sie sich das, was Sie jetzt gleich lesen werden, auf ein Diktiergerät, oder Sie erwerben die CD *Transformation des Zellbewusstseins I*[24].

Sind Sie bereit? Dann suchen Sie sich jetzt einen ruhigen Platz, an dem Sie für die nächsten 20 Minuten ungestört sind. Doch legen Sie sich im Vorfeld einen Stift und Papier bereit.
Überlegen Sie sich, welches tief sitzende Verhaltens- oder Glaubensmuster bzw. welche tief greifende Überzeugung Sie nachhaltig verän-

---

23 Für die spirituellen Menschen unter Ihnen: Auch die Informationen Ihres Emotionalkörpers werden umgeschrieben.

24 Meine CD *Transformation des Zellbewusstseins I* erhalten Sie beim Schirner Verlag, auf www.quantum-energy.de, bei Amazon oder bei ausgewählten Buchhändlern.

dern möchten. Stellen Sie sich die Frage, was Sie statt Ihres Musters möchten. Formulieren Sie Ihr neues positives Muster bzw. Ihren neuen förderlichen Glaubenssatz. Notieren Sie den neuen Satz, das »Stattdessen«, auf Ihrem Zettel.

Erinnern Sie sich jetzt an eine Situation in Ihrem Leben, wo Sie dieses Stattdessen bereits einmal erlebt haben, selbst wenn es nur für einen kurzen Moment war. Es gab noch keine derartige Situation in Ihrem Leben? Dann stellen Sie sich eine ähnliche Situation vor, so, wie sie sein könnte. Jetzt schließen Sie die Augen, und gehen Sie in Ihrer Erinnerung zurück (oder in die Vorstellung, wie es wäre). Erleben Sie die Situation noch einmal, und zwar so, dass Sie sie mit allen Sinnen wahrnehmen können. Das heißt, betrachten Sie sich nicht wie in einem Film, sondern seien Sie *in* der Situation. Erleben Sie sie erneut – so wie damals – und spüren Sie, wie schön es war. Gehen Sie ganz darin auf. In dem Moment, in dem das Gefühl am stärksten ist, ballen Sie Ihre linke oder rechte Faust und ankern das Gefühl in diese Handbewegung. Lösen Sie nach einigen Sekunden die Faust, und kommen Sie wieder an die Oberfläche Ihres Bewusstseins. Öffnen Sie die Augen. Wie war es, dieses schöne Gefühl einmal wieder bzw. neu zu erleben? Ist es nicht toll, dass unser Gehirn nicht zwischen Vorstellung und Realität unterscheiden kann? Was könnte noch alles möglich sein?

Stehen Sie nun auf, gehen Sie durch den Raum, und setzen oder legen Sie sich wieder hin. Denken Sie einen Augenblick an irgendetwas, egal, was Ihnen gerade in den Sinn kommen mag. Testen Sie anschließend Ihren Anker: Ballen Sie Ihre Faust. Spüren Sie, wie das schöne Gefühl sofort erscheint? Sollte dies nicht der Fall sein, dann wiederholen Sie den Part mit dem Ankern so lange, bis der Anker sitzt – dies sollte schon beim nächsten Mal der Fall sein.

Auf zur Zeitreise: Schließen Sie erneut Ihre Augen – in dem Wissen, dass Sie in der geballten Faust Ihr Stattdessen geankert haben. Die Hände liegen ganz ruhig an oder auf Ihrem Körper. Achten Sie einen Moment auf Ihren Atem, wie er kommt und wieder geht, wie er kommt und wieder geht. Nehmen Sie wahr, wie sich Ihr Körper mit jedem Atemzug mehr und mehr entspannt. Jeder weitere Atemzug lässt Sie sich weiter und tiefer entspannen. Spüren Sie, wie Sie ruhiger und ruhiger werden. Ihre Gedanken werden stiller und stiller.

Jetzt lassen Sie Ihr gesamtes Leben zeitlich rückwärts vor Ihrem inneren Auge an sich vorüberziehen. Dies geht im Regelfall sehr schnell, doch nehmen Sie sich die Zeit, die es braucht. Sie werden dabei auf Situationen treffen, in denen Sie Ihrem alten Verhaltensmuster bzw. Ihrer ehemaligen Überzeugung voll erlegen waren. Stellen Sie sich vor, wie sie auf dem Zeitstrahl Ihres Lebens genau an dieser Stelle einen Marker setzen, als würden Sie eine Nadel auf eine Landkarte stecken. Durchlaufen Sie Ihr Erwachsenenalter, gehen Sie zurück zum jungen Erwachsenenalter, in Ihre Jugend, Ihre Kindheit, zur frühen Kindheit, bis zurück zur Geburt. Nehmen Sie Ihre Geburt wahr. Durchlaufen Sie rückwärts den Zeitraum des Heranwachsens im Leib Ihrer Mutter, zurück bis zum Zeitpunkt Ihrer Zeugung. Nehmen Sie Ihre Zeugung wahr. Und gehen Sie dann noch eine Weile bis vor diesen Zeitpunkt zurück. Sie sind jetzt lediglich Ihre Seele. Hier stoppen Sie. Genießen Sie die Zeit als Seele, in der Sie völlig frei sind. Hier ist die vollkommene Liebe, hier ist alles Wissen des Universums, hier ist Vollkommenheit in ihrer reinen Form, hier herrscht Ruhe und Frieden. All das können sie jetzt spüren: Das Einssein mit allem und mit Gott. Verweilen Sie einen Augenblick in diesem Moment.

Ballen Sie nun Ihre Faust. Spüren Sie das wundervolle Gefühl, das Sie vor geraumer Zeit geankert haben, und machen Sie sich bereit, erneut in Ihr Leben einzutauchen. Sind Sie bereit, Ihr Leben noch einmal zu durchleben, doch jetzt mit einem neuen Verhalten, einem neuen Glauben, einer neuen Überzeugung? Freier, erfüllter, geliebter, gesünder? Dann los! Sehen Sie Ihre Eltern dabei, wie sie leidenschaftlich Liebe machen, verschmolzen miteinander und gerade dabei, ein Kind zu zeugen: Sie! Spüren Sie, wie Eizelle und Samenzelle miteinander verschmelzen. In dieser Zelle ist bereits Ihre neue Überzeugung, Ihr neues Verhaltensmuster enthalten. Nehmen Sie wahr, wie die erste Zellteilung beginnt, mehr und mehr Zellen entstehen und sich der Embryo entwickelt. Ist Ihr altes Muster bereits in dieser Phase geprägt, so nehmen Sie wahr, wie das neue Gefühl ganz automatisch Ihr ehemaliges ersetzt. Sollten Sie hierfür Ihren Anker benötigen, dann setzten Sie ihn ein. Die Zellinformationen werden gerade transformiert.

Sie wachsen im Mutterleib heran und spüren, wie die Lebenskraft größer und größer wird. Sie freuen sich darauf, dass Sie schon bald das Licht der Welt erblicken. Dann ist es soweit: die Geburt! Schreien Sie es innerlich heraus, und freuen Sie sich auf Ihr erfülltes Leben. Sie erleben Ihre frühkindliche Phase. Finden Sie hier irgendwelche gesetzten Marker, die Ihr altes Muster darstellen? Dann ersetzt jetzt auch hier das neue Gefühl automatisch das alte. Lösen Sie im Bedarfsfall Ihren Anker aus. Sie stellen fest, dass Sie alle Situationen völlig neu erleben. Ihre Erinnerungen verändern sich. Ihre DNS transformiert sich gerade, so als bekämen all Ihre Zellen einen neuen Stempelabdruck.

Sie wachsen heran, vom Kind zum Jugendlichen. Alle Marker werden ersetzt, alle Erfahrungen neu erlebt, die Zellinformationen verändert. Fühlen Sie, wie Ihre Kraft stärker und stärker wird. Sie sind erwachsen und kommen der Gegenwart immer näher. Irgendwann sind Sie im Heute angelangt. Doch lassen Sie das Leben weiterfließen in Ihre Zukunft. Nehmen Sie wahr, wie Sie noch älter werden, eine wundervolle

Zukunft gemäß Ihrer neuen Überzeugung erleben. Sie genießen Ihre Zukunft in vollen Zügen, ein erfülltes Leben. Kurz bevor Sie an dem Tag ankommen, an dem Ihre Seele Ihren Körper verlässt und der Körper stirbt, stoppen Sie.

Schauen Sie sich Ihren Tod an, und nehmen Sie wahr, dass er ein völlig natürlicher Prozess ist. Ihr Körper wurde geboren, um zu sterben. Sie streifen mit dem Tod lediglich Ihre körperliche Hülle ab. Die Seele lebt weiter und wird bald in einen neuen Körper inkarnieren. Alle Angst vor dem Tod kann jetzt von Ihnen abfallen, denn sie erkennen, dass es kein Ende gibt, sondern einen baldigen Neuanfang.

Drehen Sie sich nun um und sehen Sie zurück in die Gegenwart. Was haben Sie alles erlebt? Was haben Sie getan mithilfe Ihres neuen Verhaltensmusters, Ihrer neuen Überzeugung? Wie haben Sie gelebt? Wer war bei Ihnen? Welche besonderen Erfahrungen haben Sie gesammelt, die Ihr Leben beeinflusst haben? Was haben Sie hierfür aktiv getan? Schauen Sie sich Ihren Zeitstrahl genau an. Sehen Sie, dass die Energie Ihres neuen Glaubenssatzes Ihr Zellbewusstsein komplett erneuert hat.

Bedanken Sie sich bei sich selbst – für Ihr Leben, das Sie selbst sich erschaffen haben – und bei all jenen, die Sie dabei unterstützt haben. Dann reisen Sie zurück in die Gegenwart. Dort angekommen, nehmen Sie Ihren Körper wahr. Spüren Sie, wie Sie dort auf Ihrem Stuhl sitzen oder auf dem Sofa bzw. dem Bett liegen. Konzentrieren Sie sich auf Ihren Atem, wie er kommt und wieder geht. Kommen Sie mehr und mehr im Hier und Jetzt an. Wenn Sie wieder ganz in Ihrem Tagesbewusstsein angekommen sind, öffnen Sie in der für Sie richtigen Zeit Ihre Augen. Nehmen Sie sich dann Ihren Zettel, und notieren Sie sich, was es zu notieren gibt. Je mehr Sie aufschreiben, umso besser. Wir neigen dazu, solche Erfahrungen schnell zu vergessen.

Genießen Sie die kommende Zeit. Wahrscheinlich haben Sie bereits während der Übung vieles gespürt. Warten Sie nun ab, was kommen darf. Das kann sehr viel sein und sich sofort zeigen oder es kann auch nur ein wenig sein und eine Zeit brauchen. Ihre Seele weiß, was für Sie gut ist. Für sie gibt es kein Schneller oder Besser. Lösen Sie sich von jeglichem derartigem Konzept, und genießen Sie einfach das, was kommt.

Notizen

Übungen zur Kräftigung Ihrer neuen Glaubenssätze

Nachdem Sie jetzt alles getan haben, um Ihre Überzeugungen zu verändern, kommen hier noch ein paar Übungen, mit denen Sie Ihre neuen Glaubenssätze stärken und sie noch leichter in Ihren Alltag integrieren können.

Eine Minute für die Integration des Glaubenssatzes auf allen Sinnesebenen

Unser Unterbewusstsein kommuniziert lediglich auf der Ebene der Sinne. »Sachlich« orientierte Aussagen versteht es nicht. Daher ist es wichtig, die neue Überzeugung auf der Sinnesebene zu festigen, damit Sie immer mehr ins Unterbewusstsein integriert wird. Notieren Sie sich Ihren Glaubenssatz auf einer Karteikarte, und legen oder stellen Sie diese vor sich hin. Reiben Sie jetzt ca. 15 Sekunden lang Ihre Handinnenflächen aneinander, lesen Sie dabei Ihren Satz, und sprechen Sie ihn in dieser Zeit immer wieder laut aus. Legen Sie dann Ihre warmen Hände übereinander auf Ihr Herz, und wiederholen Sie weitere 15 Sekunden lang den Satz. Jetzt strecken Sie Ihre Hände nach vorne mit den Handaußenflächen zusammen, überkreuzen die Hände, und fassen sich an den Händen. Drehen Sie die Hände nach unten an Ihrem Körper vorbei wieder nach vorne, so als würden Ihre Hände eine Rolle nach innen drehen, und wiederholen Sie Ihren Satz weitere 15 Sekunden lang.[25] Jetzt schauen Sie an die Wand, und folgen Sie mit Ihren Augen einer imaginären auf dem Bauch liegenden Acht, während Sie weitere 15 Sekunden lang Ihren Satz wiederholen. Zum Schluss heben Sie Ihre Arme angewinkelt über Ihren Kopf, strecken sie dann aus und sprechen ein letztes Mal Ihren Satz laut und enthusiastisch aus.

---

25 Diese Bewegung führt dazu, dass beide Gehirnhälften miteinander synchronisiert werden.

Auf in ein erfülltes Leben

Hier noch einmal alle Bewegungen:

1. 15 Sekunden lang Hände aneinander reiben
2. 15 Sekunden lang Hände übereinander aufs Herz legen
3. 15 Sekunden lang Hände ineinander verdrehen
4. 15 Sekunden lang der imaginären Acht folgen
5. Hände jubelnd nach oben strecken

Hände aneinander reiben

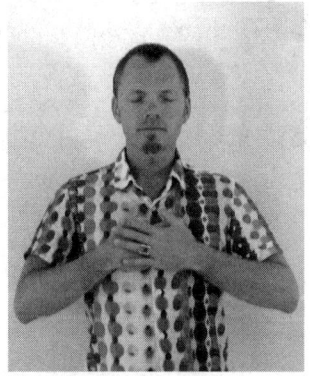

Hände aufs Herz legen

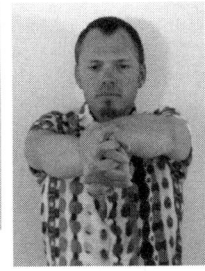

Hände ineinander verdrehen

Der imaginären Acht folgen

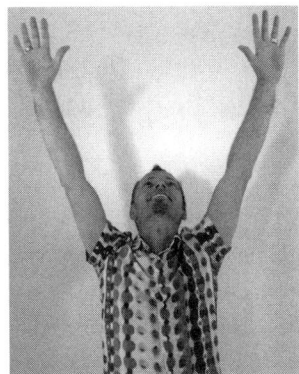

Hände jubelnd nach oben strecken

Wiederholen Sie die Übung mindestens 30 Tage lang einmal täglich, gern auch deutlich länger. Ich führe sie als Ritual jeden Morgen durch.

Kopf und Herz miteinander verknüpfen

Kopf und Herz sollten möglichst eine Symbiose, also eine funktionale Einheit miteinander bilden, weil beide für unser Leben immens wichtig sind. Viele Menschen gelangen jedoch nicht über den Verstand hinaus, und es gelingt ihnen nicht, in das Gefühl zu kommen. So können Sie beispielsweise ihren neuen fördernden Glaubenssatz nicht wirklich fühlen. Die folgende Übung erleichtert es Ihnen, vom Denken ins Fühlen zu kommen.

Legen Sie sich auf Ihr Bett oder ein Sofa. Schließen Sie Ihre Augen. Legen Sie eine Hand auf die Mitte Ihrer Stirn und die andere auf das Energiezentrum Ihres Herzens. Dieses befindet sich in der Mitte Ihrer Brust.[26] Stellen Sie sich nun vor, wie die beiden Punkte, die Sie berühren, durch einen weißgoldenen, leuchtenden Lichtstrahl miteinander verbunden werden. Wie ein Halbmond verbindet dieser Lichtstrahl Verstand und Herz. Spüren Sie, wie der Kontakt zwischen Herz und Hirn stärker und stärker wird. Halten Sie dabei die Konzentration auf beide Punkte gerichtet. In dem Moment, in dem beide Punkte miteinander synchronisiert bzw. verschränkt sind, denken Sie das Wort »verbunden«. Die Synchronisation zweier Punkte kennen Sie ja bereits aus Variante 5 (siehe Seite 154).

Sie können die Visualisierung des Lichtstrahls auch häufiger wiederholen, sollten Sie bemerken, dass Sie nicht vom Kopf ins Gefühl kommen. Sie wird es Ihnen mit der Zeit ermöglichen, immer leichter auf die Gefühlsebene zu gelangen. Es reicht in der Regel jedoch aus, die Synchronisation einmal durchzuführen.

---

26 Viele kennen diesen Punkt als das »Herzchakra«.

Die Powerfrage

Nehmen Sie sich Ihre fünf bis sieben wichtigsten neuen Glaubenssätze vor – diejenigen, die Ihr Leben am stärksten neu prägen sollen:

1. _____

_____

2. _____

_____

3. _____

_____

4. _____

_____

5. _____

_____

6. _____

_____

_____

7.

_____

_____

Jetzt formulieren Sie Ihre Glaubenssätze um: Erstellen Sie aus Ihnen »Powerfragen«. Wenn z. B. Ihre neue Überzeugung lautet: »Ich bin glücklich und gesund«, dann hieße Ihre Powerfrage: »Warum bin ich glücklich und gesund?« Powerfragen sind »Erfolgsturbos« für Ihr Gehirn. Ihr Verstand liebt Fragen. In dem Moment, in dem Sie sich innerlich eine Warum-Frage stellen, fängt Ihr Gehirn sofort an, nach Antworten zu suchen. Das Schöne daran ist, dass durch das Warum völlig außen vor bleibt, dass Sie nicht gesund und glücklich sein könnten. Es gibt für den Verstand aufgrund des Warum kein »Entweder ... oder«, sondern lediglich die Suche nach dem Wie. Mit der Powerfrage führen Sie also Ihr Ego in die gewünschte Richtung. Sie können die Fragen bewusst nutzen, um Antworten zu finden. Das bringt Sie automatisch wieder in den richtigen Fokus. Oder aber Sie lassen alles unbewusst ablaufen, denn Ihr Gehirn sucht nach Antworten, egal, ob Sie dies bewusst tun oder nicht. Dafür liebe ich diese Powerfragen.

Wie lauten Ihre Powerfragen?

1. _____

_____

2. _____

_____

3. _____

_____

4. _____

_____

5. _____

_____

6. _____

_____

7. _____

_____

Notieren Sie sich Ihre Powerfragen entweder auf einer Karteikarte oder noch besser auf einem DIN-A4-Blatt. Dieses nehmen Sie sich möglichst morgens nach dem Aufwachen und abends vor dem Zubettgehen vor. Lesen Sie sich Ihre Powerfragen langsam nacheinander vor, und dann starten Sie mit ihnen in den Tag bzw. schlafen Sie mit ihnen ein. Freuen Sie sich auf die Ergebnisse, die sich nach geraumer Zeit einstellen werden.[27]

---

27 Voraussichtlich im August 2012 erscheint im Schirner Verlag von meiner Frau und mir das Buch *Frag dich glücklich*, das sich ausführlich mit den Powerfragen beschäftigt.

Der unerschütterliche Glaubenssatz

Mein Leben veränderte sich durch einen einzigen Glaubenssatz radikal. Anfang 2011 hörte ich davon, dass T. Harv Eker, einer der erfolgreichsten Reichtumstrainer der Welt und auch einer der »The Secret«-Lehrer, zum ersten Mal nach Deutschland kommen werde. Ich kannte Harv von einem DVD-Live-Vortrag und war sehr angetan von ihm.[28] Er hat eine charmante und gleichzeitig mitreißende Art.

Was er sagt, hat Hand und Fuß, und er lebt es selbst vor, denn er ist mehrfacher Millionär.[29] Ich wusste:»Wenn ich bei ihm auf dem Seminar bin, dann habe ich es geschafft.« Bis dahin war mein Erfolg einem ständigen Auf und Ab unterworfen. Ach, Sie kennen das? Willkommen im Club. Ich meldete mich also zum Seminar im April in Berlin an und fieberte täglich darauf hin. Mir war einfach klar, dass endlich der Durchbruch geschafft wäre, wenn ich bei Harv war. Und genau diese Überzeugung wurde zu meinem unerschütterlichen Glaubenssatz. Das Seminar war klasse, 1500 Gleichgesinnte waren dort.

Doch eigentlich war es nicht das Seminar, denn dessen Inhalte vermittelte ich zum Teil bereits selbst in meinen Seminaren. Ich bin der felsenfesten Überzeugung, dass es dieses tiefe Wissen war, das gefühlt meinen Erfolg ins Universum katapultiert hat. Diejenigen, die mein Leben seit April 2011 mitverfolgt haben, können das sicherlich bestätigen. Meine Bücher verkaufen sich sehr gut, meine Seminare und Ausbildungen füllen sich kontinuierlich. Und all das ohne dass ich großartig Marketing betreiben muss. Es funktioniert einfach. Der Glaubenssatz strahlt eine unglaubliche Kraft aus. Selbst mein Ego war und ist felsenfest davon überzeugt.

Es gibt noch einen zweiten dieser unerschütterlichen Sätze in meinem Leben:»Ich werde niemals bestohlen.« Dieser Satz führt dazu, dass ich meine Sachen überall unbeaufsichtigt liegen lassen kann und sie trotzdem dort

---

28 DVD-Box *Teacher of »The Secret«*. Horizon 2009
29 Sehr empfehlenswert ist: Eker, T. H.: *So denken Millionäre.* Heyne 2010

liegen bleiben – und das, obwohl die Überzeugung negativ formuliert ist. So kraftvoll sind unerschütterliche Glaubenssätze. Vor vielen Jahren ließ ich beispielsweise mein Handy auf einem Restaurantschiff am Frankfurter Mainufer liegen. Als ich zehn Minuten später zurückkam, war alles, wie ich es hinterlassen hatte. Das Handy lag wie geschützt da. Ein andermal ließ ich aus Versehen mein volles Portemonnaie für ca. eine Stunde auf der Herrentoilette eines Hotelrestaurants liegen. Es fehlte nichts. Das ist die Kraft von unerschütterlichen Glaubenssätzen.

Haben Sie einen unerschütterlichen Glaubenssatz? Wenn ja, wie heißt dieser?

_____

_____

Schauen Sie sich Ihre Liste der neuen Überzeugungen an. Welcher von diesen ist auserwählt, Ihr neuer unerschütterlicher Glaubenssatz zu werden?

_____

_____

Dieser Satz muss für Sie so selbstverständlich werden, dass er als ein glasklares, tiefes Wissen gefühlt in Ihnen verankert ist. Voraussetzung dafür ist, dass Sie im Vorfeld mit diesem Satz arbeiten. Sorgen Sie dafür, dass Sie ungestört sind. Schließen Sie Ihre Augen, und konzentrieren Sie sich auf Ihren Atem, bis Sie ruhiger und ruhiger werden. Sprechen Sie jetzt Ihren Satz einmal innerlich aus, und warten Sie ab. Wie fühlt sich der Satz an? Fühlt er sich stimmig an? Vielleicht sogar ganz selbstverständlich? Gibt es Widerworte von Ihrem Unterbewusstsein? Lacht Sie Ihr Ego vielleicht aus, und teilt es Ihnen mit: »Was glaubst du, wer du bist?« Oder etwas Ähnliches? Hören Sie genau hin, fühlen Sie tief in sich hinein und schauen Sie, ob sich ein Bild formt. Achten Sie haargenau auf die Botschaften Ihres Unterbewusstseins. Das ist sehr wichtig. Ansonsten wird er niemals zu Ihrem unerschütterlichen Glaubenssatz werden können.

Der erste Schritt besteht also darin, wie ein Detektiv mögliche »Torpedos« Ihres Unterbewusstseins ausfindig zu machen. Gibt es etwas Unterbewusstes, was dagegen spricht, so notieren Sie sich mögliche blockierende Überzeugungen, und verändern Sie sie mithilfe einer der obigen Varianten. Gibt es Bilder oder ungute Gefühle, so gehen Sie damit in Kontakt, und fragen Sie das Bild bzw. Gefühl, was es Ihnen mitteilen bzw. worauf es Sie hinweisen möchte.[30]

Wenn Sie alles verändert haben, was Sie an Ihrem zukünftigen unerschütterlichen Glaubenssatz hindern könnte, ist der zweite Schritt, den Satz nach und nach zu festigen. Dazu führen Sie als Erstes die Variante »Die Kraft der Visualisierung« durch (siehe Seite 148). Sehen Sie sich, wie Sie mit Ihrer Überzeugung Ihr »neues« Leben leben. Sollten Sie sich bei Ihrer Visualisierung lediglich wie auf einer Leinwand im Kino sehen, dann stellen Sie sich vor, wie Sie in die Leinwand einsteigen und zum aktiven Part werden. Erst wenn Sie in der Situation wirklich *sind*, verändert sich etwas in Ihrem Leben. Der Ihren Erfolg verändernde Schritt ist also das *Sein*. Nehmen Sie mit allen Sinnen wahr, wie Sie mit Ihrem unerschütterlichen Glaubenssatz handeln. Führen Sie die Übung mindestens 30 Tage lang durch, damit sich

---

30 Die Übung Kontaktaufnahme haben Sie ja bereits am Ende von Teil 1 auf S. 43 kennengelernt.

neue kraftvolle und dauerhafte neuronale Vernetzungen bilden und eine neue Gewohnheit entstehen kann.

Im dritten Schritt gilt es, all die Qualitäten in Ihr Leben zu holen, die Sie brauchen, damit sich die Überzeugung festigen kann und Sie völlig selbstverständlich an sie glauben können. Welche Qualitäten benötigen Sie? Vielleicht Mut, Sicherheit, Vertrauen oder Disziplin? Notieren Sie sie hier:

Die notwendigen Qualitäten für meinen unerschütterlichen Glaubenssatz:

1. _____

2. _____

3. _____

4. _____

5. _____

Wahrscheinlich fragen Sie sich jetzt, wie Sie diese Qualitäten in Ihrem Leben entwickeln sollen. Hierfür können Sie natürlich hart an sich arbeiten, einen Therapeuten hinzuziehen, eine Wahrsagerin befragen oder einhundert Mal einen Rosenkranz beten. Das geht, alles ist möglich. Oder Sie nutzen die Möglichkeiten des Quantenbewusstseins. Das geht auch, und vor allem leichter.

Die neuen Wissenschaften und auch die indigenen Völker bzw. spirituellen Lehrer sagen, dass wir alles Potenzial bereits in uns tragen. Wir werden perfekt geboren. Nur unsere Erfahrungen sorgen dafür, dass wir all das vergessen. Das heißt also, all die gewünschten Qualitäten sind bereits in unserem Energiefeld, doch sie schlummern noch im Winterschlaf. Was bedeutet das? Wir müssen sie lediglich aktivieren. So einfach soll das gehen? Ja, so einfach geht das.

Ich erhielt einmal eine E-Mail von einer Frau, der ich in einem Vortrag ihre Angst, vor Leuten zu sprechen, zum Positiven verändert hatte. Sie wollte nicht wirklich daran glauben. Das »Dumme« war nur, dass die Angst nach einem Monat immer noch weg blieb und ihr innerer Zweifel jetzt nichts mehr zum Zweifeln hatte. Möchten Sie es einfach haben oder schwer? Die Entscheidung liegt bei Ihnen. Es ist wie immer eine Frage des Glaubens.

Sie lieben es lieber einfach? Dann los. Stellen Sie sich vor Ihr Bett, Sofa oder einen Sessel, denn es könnte sein, dass die Energie Sie arg ins Schwanken geraten bzw. nach hinten fallen lässt, wie in *Variante 5* (siehe Seite 154) beschrieben. (Sollten Sie – aus welchem Grunde auch immer – das Gefühl bekommen, nach vorn zu fallen, dann lassen Sie sich einfach auf die Knie sinken.) Denken Sie jetzt einmal kurz daran, dass Sie Ihren unerschütterlichen Glaubenssatz festigen wollen, indem Sie Ihre Qualität wieder aktivieren, z. B. »Ich liebe mich so, wie ich bin. Hierfür benötige ich mehr Selbstvertrauen.« Sollten Sie bereits ein wenig Selbstvertrauen besitzen, wovon ich ausgehe, dann braucht es nicht mehr *aktiviert*, sondern lediglich *gestärkt* zu werden. Ist Ihr Selbstvertrauen jedoch absolut im Keller, macht es sicherlich Sinn, es zu aktivieren. Überlegen Sie sich also, welche Absicht Sie formulieren wollen – so wie in Variante 5 beschrieben – damit die Energie in die gewünschte Richtung arbeitet, entweder »aktiviert« oder »gestärkt«.

Lassen Sie jetzt Ihre linke oder rechte Hand intuitiv den Punkt an Ihrem Körper finden, zu dem sie gern möchte, und legen Sie Ihre Hand dort ab. Ihre andere Hand erfühlt nun mit leicht gebeugtem Arm in Ihrem Energiefeld den Punkt, wo die Energie für Ihre Qualität schlummert.

Dies kann vor Ihnen oder seitlich von Ihnen sein. Selten finden Sie den Punkt auch an oder in Ihrem Körper. Fühlen Sie bewusst und ganz langsam durch Ihr Energiefeld, denn wenn Sie wie ein Scheibenwischer bei strömendem Regen hin und her wischen, werden Sie kaum etwas wahrnehmen. Achten Sie darauf, dass Ihre Konzentration nur noch bei Ihren beiden Händen ist. Irgendwann finden Sie ganz automatisch diesen Punkt. In diesem Moment verändert sich etwas. Entweder fühlen Sie, dass die Hände kribbeln oder vielleicht wärmer werden, oder dass Ihr Körper ins Schwanken gerät bzw. umfällt. Das ist der Moment der Synchronisation. In diesem Moment formulieren Sie kurz gedanklich Ihre Absicht: entweder »aktiviert« oder »gestärkt«. Wenn Ihr Körper schwankt oder umgefallen ist, verbleiben Sie noch eine Weile in diesem Moment, und genießen Sie die Veränderung.

Testen Sie im Anschluss wieder, was sich verändert hat. Wiederholen Sie die Übung so lange, bis Sie das Gefühl haben, dass genug gestärkt bzw. alles aktiviert ist. Das kann bereits nach dem ersten Mal der Fall sein oder noch einige Male brauchen. Spätestens dann, wenn Sie nicht mehr umfallen oder schwanken, ist es gut.

Erweckung ungenutzter Potenziale zur Stärkung Ihres neuen Glaubenssatzes

Sie können das Stärken Ihres unerschütterlichen Glaubenssatzes selbstverständlich auch für all Ihre anderen neuen Überzeugungen nutzen. Sie müssen dabei noch nicht einmal wissen, welches bisher noch ungenutzte Potenzial erweckt werden soll.

Stellen Sie sich erneut mit dem Rücken vor Ihr Bett oder einen Sessel, damit Sie im Fall des Falles weich fallen. Denken Sie jetzt einmal an die Worte »Stärken meiner Überzeugung X«. (Für das X setzen Sie

Ihre neue Überzeugung ein.) Legen Sie eine Hand an eine Stelle Ihres Körpers, die Ihnen intuitiv in den Sinn kommt. Tasten Sie jetzt mit der anderen Hand mit leicht gebeugtem Arm vor oder seitlich von Ihnen in Ihrem Energiefeld, und erspüren Sie, wo die Energie der ungenutzten Potenziale vorhanden ist. Diese schlummert bisher noch in Ihrem Energiefeld. Haben Sie das Potenzial erfühlt, konzentrieren Sie sich nur noch auf Ihre beiden Hände, mehr nicht. Sagen Sie sich kurz innerlich: »Potenzial freigelegt.« Haben Sie das Gefühl umzufallen, dann lassen Sie es zu.

Testen Sie, was sich verändert hat, und wiederholen Sie die Übung gegebenenfalls so lange, bis Sie spüren, dass das Potenzial komplett freigelegt ist.

Was danach kommt: Handeln!

»Den ersten Schritt zu tun, fällt manchmal sehr schwer.
Doch ist gerade er der Meilenstein auf dem Weg zum Erfolg.«

Sie haben jetzt alles getan, um Ihre alten Überzeugungen zu verändern und die neuen zu verstärken. Der letzte und wichtigste Part ist jedoch, all das in Ihrem Alltag auch umzusetzen, also der neuen Überzeugung entsprechend zu handeln. Ansonsten war all das, was sie bisher getan haben, für die Katz.

Handeln ist das, was erfolgreiche Menschen von nicht erfolgreichen unterscheidet, glückliche von unglücklichen. Ich habe vor vielen Jahren ein Modell entwickelt, das sehr schön aufzeigt, wo sich die Spreu vom Weizen trennt.

Das Erfolgsprinzip KEIL

Wir treffen tagtäglich Entscheidungen. Doch wenn es um Entscheidungen geht, die das Leben verändern, zieren wir uns häufig. Da sind dann Ängste im Spiel oder das Ego, das lieber das alte Gewohnte haben möchte. Die Macht der Gewohnheit ist sehr groß. Das Erfolgsprinzip KEIL zeigt deutlich auf, wie weit Entscheidungen gehen.

K larheit:	Sie haben Klarheit darüber, eine Entscheidung fällen zu wollen.
E ntscheidung:	Sie treffen diese Entscheidung.
I nnere Verpflichtung:	Sie verpflichten sich, alles für diese Entscheidung zu tun.
L osgehen:	Sie handeln.

Die beiden ersten Schritte sind noch leicht. Ab dem dritten Schritt fällt es vielen Menschen schon schwer. Den vierten Schritt machen nur Wenige. Je größer die Tragweite der Entscheidung ist, desto seltener wird tatsächlich nach ihr gehandelt. Das ist einer der Gründe, weshalb es nur so wenige wirklich erfolgreiche Menschen gibt.

Wenn Sie ein Mensch sind, der sagt: »Act on it!«, dann wird KEIL für Sie kein Problem darstellen. Doch wenn Sie eher der Zauderer sind, sollten Sie sehr genau hinschauen, was Sie zögern lässt. Vielleicht gibt es wiederum einen Glaubenssatz, der Sie am Handeln hindert. Vielleicht sind es Ängste, die Sie limitieren, oder das Streben nach Sicherheit, das Sie von Neuem abhält. Vielleicht lassen Sie sich auch gern ablenken oder sind einfach nicht beständig bzw. diszipliniert. Doch wenn Sie mit diesem Buch schon so viel gearbeitet und verarbeitet sowie all Ihre Glaubenssätze transformiert haben, wäre es dann nicht furchtbar schade, diese Arbeit umsonst geleistet zu haben? Wollen Sie das? Ich denke nicht, oder? Dann nehmen Sie sich noch einmal Zeit, innezuhalten und sich selbst zu erforschen: Was genau hält Sie vom Handeln ab?

Was mich vom Handeln abhält:

_____

_____

_____

_____

_____

_____

_____

_____

_____

_____

_____

_____

Was auch immer Sie gerade herausgefunden haben: Mit den Übungen in diesem Kapitel sind Sie in der Lage, all jene Aspekte zu verändern, die Sie vom Handeln abhalten.

Das Einzige, was noch fehlt, ist die Bearbeitung Ihrer Ängste. Oftmals sind es Ängste vor dem Unbekannten, die uns davon abhalten zu handeln. Vor allem Menschen, die sicherheitsorientiert sind, haben es mit dem Neuen schwer. Sie scheuen das Risiko, mit der neuen Überzeugung kraftvoll ins Leben zu gehen.

Damit Sie nicht weiterhin selbst durch womöglich vorhandene Ängste an einem erfüllten Leben gehindert werden, möchte ich Ihnen hier eine Übung vorstellen, die es Ihnen ermöglicht, das negative Gefühl der Angst in ein positives umzuwandeln. Denn es ist nicht die Angst an sich, die Sie hemmt. Es ist lediglich das negative und beklemmende Gefühl, das sie auslöst.

181

Eine Angst ist aus einem einzigen, guten Grund in Ihrem Leben: zu Ihrem Schutz! Sie sorgt dafür, dass Sie vorsichtig sind. Doch ein Zuviel an Vorsicht hindert Sie am wichtigen Schritt nach vorn. Wenn Sie das negative in ein positives Gefühl verändern, dann sorgt die Vorsicht lediglich dafür, dass Sie abwägen.

Sich von Ängsten befreien

Setzen Sie sich in einen Stuhl oder Sessel, und machen Sie es sich bequem. Schließen Sie die Augen, und erinnern Sie sich an eine Situation, in der Sie Ihre Angst erlebten. Gehen Sie ganz in die Situation hinein, sodass Sie die Angst genau spüren können. Wo im Körper nehmen Sie das Gefühl wahr? Lokalisieren Sie es genau. Wenn das Gefühl am stärksten ist, dann stellen Sie sich vor, wie Sie, ähnlich wie bei einer Kamera, das Gefühl aus Ihrem Körper heraus- und etwa einen Meter vor sich hinzoomen. Jetzt befindet sich Ihr Gefühl vor Ihnen. Ihr Verstand kann das nicht begreifen, doch ist dies irrelevant. Nehmen Sie das Gefühl jetzt *vor* oder weiterhin *in* Ihrem Körper wahr? Es ist wichtig, dass sich das Gefühl vor Ihnen befindet, denn dann sind Sie *dissoziiert*. Das bedeutet, dass Sie nicht mehr komplett *in* Ihrem Gefühl sind. Dadurch wird die Intensität Ihres Gefühls geringer und ertragbarer. Fühlen Sie die Angst weiterhin in Ihrem Körper, so zoomen Sie diese erneut vor sich hin, bis Sie sie eindeutig in einem Meter Entfernung wahrnehmen.

Beobachten Sie einen Augenblick lang das Gefühl. Genau das ist es, was Sie immer wieder hemmt: Ein Gefühl, mehr nicht. Schauen Sie nun, welche Farbe die Angst hat.[31] Nehmen Sie genau die Farbe Ihrer Angst wahr. Welche Lieblingsfarbe haben Sie? Stellen Sie sich vor, wie über dem Gefühl der Angst ein Farbeimer mit Ihrer Lieblingsfarbe schwebt, und Sie diese Farbe über das Gefühl ausschütten, sodass das

---

31 In den meisten Fällen nehmen die Menschen Ängste in einer dunklen Farbe wahr.

Gefühl jetzt ganz in Ihrer Lieblingsfarbe erscheint. Diese Farbe hat die Eigenschaft, sich nicht nur um das Gefühl herumzulegen, sondern das Gefühl auch zu durchdringen. Somit erscheint Ihr Gefühl jetzt komplett in Ihrer Lieblingsfarbe. Wie fühlt es sich jetzt an, etwas besser? Fehlt es noch an Glanz oder Kontrast, dann nehmen Sie auch diesbezüglich Veränderungen vor. Welche Form hat das Gefühl? Nehmen Sie auch die Form genau wahr. Beginnen Sie nun, die Form in Ihrer Vorstellung zu verändern. Ändern Sie die Form dahingehend, dass das Gefühl sich noch besser anfühlt. Wenn Sie die optimale Form gefunden haben, behalten Sie diese bei. Können Sie dem Gefühl einen Klang zuordnen? Wenn ja, wie hört er sich an? Verändern Sie auch diesen in Ihrer Vorstellung so, dass er möglichst angenehm wird. Lassen Sie ihn lauter oder leiser werden, dunkler oder heller. Oder ersetzen Sie ihn gleich durch einen Klang, der sich für Sie gut anfühlt. Vielleicht möchten Sie ja sogar Ihren Lieblingssong in das Gefühl einfließen lassen. Wie ist die Temperatur? Ist das Gefühl warm genug? Verändern Sie so weit, wie es notwendig ist. Zum Schluss die Frage nach der Bewegung: Bewegt sich das Gefühl? Gefühle stehen selten still, doch ist es möglich. Schwingt oder vibriert es vielleicht? Dehnt es sich aus? Verstärken oder vermindern Sie diese Bewegung – immer mit dem Ziel, das Gefühl zu verbessern. Fangen Sie dann ganz langsam an, das Gefühl zu drehen – erst in die eine Richtung, dann in die andere. Welche ist die angenehmere? Drehen Sie es in der Richtung weiter, in der es sich angenehmer anfühlt. Ändern Sie dann die Geschwindigkeit: Lassen Sie es sich schneller drehen. Was passiert? Wird es angenehmer oder unangenehmer? Verändern Sie die Geschwindigkeit, bis auch diese sich optimal anfühlt. Sie können das Gefühl auch ausdehnen oder schrumpfen lassen, es vibrieren lassen. Spielen Sie damit, probieren Sie aus, bis Ihr Gefühl der Angst sich so weit verändert hat, dass es angenehm ist, es sich für Sie vielleicht sogar richtig gut anfühlt.

Wollen Sie Ihr Gefühl der Angst jetzt wiederhaben? Wahrscheinlich sagt Ihr Verstand Nein, da es ja eine Angst ist. Doch spüren Sie einmal genau nach: Ist da tatsächlich das Gefühl, das Sie bis vor wenigen Minuten noch so stark gehemmt hat? Ist es nicht gerade zu einem neutralen oder sogar angenehmen Gefühl geworden? Es ist Ihr Gefühl, es gehört zu Ihnen. Also zoomen Sie es jetzt wieder in Ihren Körper zurück, bis es erneut an der Ausgangsstelle ist. Spüren Sie nach: Wie fühlt es sich an, dieses veränderte Gefühl in Ihrem Körper? Nehmen Sie es genau wahr.

Öffnen Sie Ihre Augen, stehen Sie auf, um etwas zu trinken oder einfach nur einmal durch den Raum zu gehen. Setzen Sie sich wieder hin. Jetzt kommt der Test: Stellen Sie sich vor, wie Sie in Ihrer neuen Zukunft in Ihrer Angstsituation handeln. Wie fühlt es sich an? Ist da immer noch die Schwere, die Starre oder was auch immer es ehemals gewesen ist? Viele Menschen schaffen es nicht einmal mehr, sich an das Gefühl der Angst zu erinnern. Sollte das neue Gefühl noch unangenehm sein, wiederholen Sie die Übung.

Ich versuche es

Dieser Satz ist so ungefähr das Dümmste, was Sie denken können. Wenn Sie sich also haben denken hören: »Ich versuche zu handeln«, dann lassen Sie es am besten gleich ganz bleiben. Was glauben Sie wohl, wie groß die Chance ist, dass Sie es tatsächlich tun? Wenn überhaupt, dann 50%, doch tendiert sie eher gen Null. *Versuchen* hat mit »Act on it« so rein gar nichts zu tun. Haben Sie schon einmal zu Ihrem Partner gesagt, dass Sie versuchen, sich zu bessern, und ihm dann in die Augen geschaut? Wahrscheinlich verdrehte er die Augen direkt, weil er eh wusste, dass sich nichts ändern würde. Sie können einmal *versuchen* zu lachen. Ich bin gespannt, wie es klingen wird. Entweder Sie *tun* es, oder Sie lassen es bleiben. *Versuchen* ist so etwas von passiv, dass es schon Spinnweben ansetzt. Seien Sie aktiv und denken Sie auch aktiv. Verbannen Sie das Wort *Versuch* aus Ihrem Wortschatz.

Fokus

Erinnern Sie sich an die »Besondere Fokussierung«. Je mehr Sie sich auf den neuen Zustand konzentrieren, desto mehr unterstützt Sie das Gesetz der Anziehung dabei, ihn zu erreichen. *Die Energie folgt der Aufmerksamkeit.* Sind Sie auf das Neue ausgerichtet, folgt die Energie diesem. Handeln Sie also entsprechend Ihrer neuen Überzeugungen, immer und immer wieder. Wenn Sie alles, was Sie bisher am Handeln gehindert hat, verändert haben, werden Ihnen jede Menge Ideen kommen, wie Sie in Ihrem neuen Leben, mit Ihren neuen Überzeugungen, agieren können. So ergeht es mir fast täglich. Aus Mangel ist Fülle geworden. Ich wurde vom Opfer zum aktiven Schöpfer. Und wissen Sie was? Das tut ganz schön gut. Heute führe ich ein erfülltes, glückliches, gesundes und zufriedenes Leben voller Wohlstand. So, wie ich es mir damals immer gewünscht habe. Und Sie? Ich wünsche Ihnen viel Freude beim Handeln und Umsetzen!

SCHLUSSWORT

Wir sind am Ende des Buches angekommen. Haben Sie Ihr Buch lediglich gelesen oder sieht es jetzt so aus, als wäre es eines der meistgelesenen Bücher der Stadtbibliothek? Haben Sie es also zu Ihrem ganz persönlichen Arbeitsbuch gemacht? Ist es randvoll gespickt mit Ihren Antworten und Randnotizen? Wenn ja, dann bin ich mir sicher, dass sich Ihr Leben in Richtung Erfolg verändern wird. Es mag sich vielleicht anfänglich wie harte Arbeit angefühlt haben. Doch wenn Sie jetzt einmal zurückblicken: War es das tatsächlich? Hätten Sie jemals gedacht, dass Sie so leicht zu einem erfüllten Leben gelangen können? Okay, noch mag es vielleicht zu früh sein, das zu sagen.

Blättern Sie noch einmal in einem Monat oder in einem Vierteljahr dieses Schlusswort auf, und denken Sie dann darüber nach, wie stark sich Ihr Leben verändert hat. All das wird nur deshalb passiert sein, weil Sie zu 100 % Verantwortung für sich übernommen haben. Sie werden gehandelt haben, und deswegen nun auf den Gleisen der wirklich erfolgreichen Menschen fahren.

Erzählen Sie vielen anderen Menschen von diesem Buch, damit es ihnen genauso ergehen kann wie Ihnen. Lassen Sie sie an Ihrem Erfolg teilhaben. Das wiederum wird dazu führen, dass Sie noch mehr Erfolg haben. Und irgendwann haben Sie den Zug der erfolgreichsten Menschen eingeholt und können mit ihnen im gleichen Abteil speisen – weil Sie in Ihrem Leben das Richtige getan haben.

Übrigens: Ab Herbst 2012 wird es die Übungen zum Buch auch auf CD geben – zum noch einfacheren Nachmachen.

Ich wünsche Ihnen viel Freude beim Erleben all Ihrer Veränderungen und mit Ihren neuen Glaubenssätzen. Gerne können Sie mir Ihre Erfahrungsberichte an feedback@siranus.com zukommen lassen. Ich freue mich darauf!

Von Herzen
Ihr

DANKSAGUNG

Als Erstes möchte ich meiner ehemaligen Ausbildungsteilnehmerin Ursula Berger danken. Ohne sie wäre die Idee zu diesem Buch nie entstanden.

Ich danke meinen NLP-Trainern Chris Mulzer und Richard Bandler. Durch sie bin ich zur Jahrtausendwende auf das Thema »Glaubenssätze« aufmerksam geworden. Somit hatte ich das erste Mal die Möglichkeit, hier aktiv etwas zu verändern.

Ebenso gilt mein Dank all meinen anderen Lehrern, durch die ich zu dem Menschen wurde, der ich heute bin. Dazu zählen alle Menschen, durch die ich wachsen durfte. Vom Dalai Lama über meine Eltern bis hin zum Sohn meiner ehemaligen Partnerin. Jeder Einzelne von ihnen zeigte mir auf, wie stark in der Vergangenheit mich meine mich belastenden Überzeugungen begrenzten.

Ich danke meiner bezaubernden Frau Sonja, deren Liebe mich immer wieder stützt und die mir zeigt, wie wertvoll eine Partnerschaft sein kann – in guten und in schlechten Zeiten. Mein Dank gilt auch all ihrem Mut, immer wieder als Probandin für neue Übungen zur Verfügung zu stehen.

Zu guter Letzt danke ich Heidi und Markus Schirner sowie den so hilfsbereiten Mitarbeitern des Schirner Verlages: meinem unermüdlichen Lektor Rudolf Garski sowie dem Grafiker Murat Karaçay.

ÜBER DEN AUTOR

Mein Name ist Siranus Sven von Staden. Ich bin Begründer der Transformations- und Heilmethode »Quantum Energy« und begleite Sie auf Ihrem Weg zur »Wahren Größe«. Ich unterstütze Sie dabei, Ihr volles und wirkliches Potenzial zu entdecken sowie ein erfülltes, glückliches und gesundes Leben voller Wohlstand zu führen.

Seit 2009 beschäftige ich mich mit den neuen Transformations- und Heilmethoden und bin seit der Jahrtausendwende Trainer und Coach. 2003 rief es mich zur Trainerausbildung beim Mitbegründer des NLP, Richard Bandler. In all den Jahren meiner Entwicklung brachte mich meine Reise zu unterschiedlichsten Lehrern aus aller Welt: zu Top-Trainern aus den Bereichen Kommunikation, Rhetorik, Motivation, Charisma, Erfolg, Reichtum, neue Heilweisen usw.; zu indischen Meistern, in tiefe Innenschau; zu den bekanntesten Wissenschaftlern der Quantenphysik, Zell- und Entwicklungsbiologie, Herz- und Hirnforschung, der Morphogenetik und der neuen Medizin.

Heute, im Jahre 2012, bin ich 44 Jahre jung. 35 Jahre lang lebte ich dafür, Aufmerksamkeit und Anerkennung zu bekommen, spielte Rollen und funktionierte – so wie man es von mir erwartete. Ich habe gelernt und gehe heute meinen eigenen Weg, folge meinem Herzen, meinen Wünschen und Träumen – und handele danach. Das macht mich sehr erfolgreich. Ich lehre, was ich lebe: das grenzenlose Potenzial unseres Herzens und Verstandes zu erforschen und erfolgreich in unser Leben zu tragen – zum Wohle jedes Einzelnen, der Unternehmen, der Gesellschaft und der Umwelt.

Meine Vision ist, Millionen von Menschen auf ihrem Weg zu begleiten und sie wieder daran zu erinnern, wie großartig sie sind und wie leicht es sein darf, ein erfülltes Leben auf allen Ebenen zu leben. Vielen fällt das heute noch sehr schwer. Aus diesem Grunde begründete ich die Methode »Quantum Energy«.

Je mehr Menschen sich auf ihren Weg machen und als Vorbild anderen zeigen, wie dies gehen kann, desto schneller wird es wahr, dass Millionen das Gleiche tun. Hierzu trage ich von Herzen gerne bei.

Ein Beitrag hierzu sind meine diversen Bücher und Audio-Books. Ab und zu bin ich Gast im Radio bzw. Fernsehen oder veröffentliche Artikel in diversen Zeitschriften.

Mehr Informationen zu meiner Arbeit finden Sie auf den Webseiten: *www.quantum-energy.de* oder *www.siranus.com*

Mich und mein Team erreichen Sie per Mail unter: *mail@siranus.com*

WEITERFÜHRENDE LITERATUR

Empfehlenswerte Bücher

- Bandler, R.: *Richard Bandler's Leitfaden zu persönlicher Veränderung*. Bookmark NLP 2009.
- Braden, G.: *Im Einklang mit der göttlichen Matrix*. Koha 2007.
- Braden, G.: *Tiefe Wahrheiten*. Koha 2011.
- Byrne, R.: *The Secret – Das Geheimnis*. Arkana 2007.
- Dilts, R.B.: *Die Veränderung von Glaubenssystemen*. Junfermann 2006.
- Dilts, R.B.: *Identität, Glaubenssysteme und Gesundheit*. Junfermann 2006.
- Franckh, P.: *Das Gesetz der Resonanz*. Koha 2008.
- Grabhorn, L.: *Aufwachen – Dein Leben wartet*. Goldmann 2004.
- Grochowiak, K. & Haag, S.: *Die Arbeit mit Glaubenssätzen*. Schirner 2004.
- Katie, Byron: *Lieben was ist*. Goldmann 2002.
- Lipton, B.: *Intelligente Zellen*. Koha 2006.
- Lipton, B.: *Spontane Evolution*. Koha 2009.
- Preisendörfer, P.: *Glaubenssätze, Überzeugungen & Co*. Windpferd 2009.
- Sheldrake, R.: *Das schöpferische Universum*. Ullstein 2009.
- von Staden, S.: *30 Minuten für den souveränen Umgang mit Veränderungen*. Gabal 2010.
- von Staden, S.: *Quantum Energy*. Schirner 2011.
- von Staden, S.: *Quantenheilung kann jeder*. Schirner 2011.
- von Staden, S.: *Wenn Quantenheilung nicht funktioniert*. Schirner 2011.
- von Staden, S. & von Staden, S. A.: *Frag dich glücklich*. Schirner voraussichtlich August 2012.

Empfehlenswerte DVDS

* *Bleep – Down the Rabbit Hole.* Horizon 2007.
* Braden, G.: *Im Einklang mit der göttlichen Matrix.* Koha 2009.
* *Der Film deines Lebens.* Allegria 2011.
* Lipton, B.: *Intelligente Zellen.* Koha 2008.
* Lipton, B.: *Wie wir werden, was wir sind.* Koha 2009.
* *The Living Matrix.* Koha 2009.
* *The Secret – Das Geheimnis.* Arkana 2007.
* *What the Bleep do we (K)now?* Horizon 2006.

Empfehlenswerte CDs

* von Staden, S.: *Die Transformation des Zellbewusstseins I.* Schirner 2011.
* von Staden, S.: *Die Transformation des Zellbewusstseins II.* Schirner 2011.
* von Staden, S.: *Die Transformation des Zellbewusstseins III.* Schirner 2011.
* von Staden, S.: *Die Transformation des Zellbewusstsein V. Geburtstraumata lösen.* Schirner ab Herbst 2012
* von Staden, S.: *Endlich frei!* Schirner 2011.

Bildnachweis

ANHANG

DIE UMDEUTUNG DER JEWEILIGEN TOP-GLAUBENSSÄTZE INS POSITIVE

Die Top 25 zu »Das Leben generell«

Das Leben ist ein Kampf.	Im Leben fällt mir alles zu.
Das Leben ist hart und ungerecht.	Das Leben ist leicht und für mich.
Erwarte nicht zu viel vom Leben.	Das Leben ist voller Geschenke.
Ich muss alles allein schaffen.	Ich darf Unterstützung bekommen.
Ich darf anderen nicht vertrauen.	Ich kann anderen vertrauen.
Träume sind Schäume.	Träume dürfen Realität werden.
Vergiss nie, woher du kommst.	Ich bin ich, und das ist auch gut so.
Hast du was, dann bist du was!	Ich bin zufrieden.
Wer rastet, der rostet.	In der Ruhe liegt die Kraft.
Wer hoch hinaus will, kann tief fallen.	Egal, wie weit ich im Leben komme, ich bin immer getragen.
Man soll den Tag nicht vor dem Abend loben.	Jeder Moment ist der schönste.
Strafe muss sein.	Fehler sind zum Lernen da.
Das macht man nicht. / Das darfst du nicht.	Ich darf mich ausprobieren. / Ich darf das.
Wer zuletzt lacht, lacht am besten.	Was ich tue, ist richtig.

Lieber den Spatz in der Hand als die Taube auf dem Dach.	Ich bin für Großes bestimmt.
Nun bleibe mal schön auf dem Teppich.	Wer groß denkt, wird Großes erhalten.
Bescheidenheit ist eine Zier.	Mir ist Großes vergönnt.
Geben ist seliger denn nehmen.	Wer geben kann, darf auch annehmen.
Der Apfel fällt nicht weit vom Stamm.	Ich bin einzigartig.
Dein Schicksal ist vorherbestimmt.	Ich bestimme mein Schicksal selbst.
Man kann nicht alles haben.	Alles ist möglich.
Alles hat seinen Preis.	Ich zahle gern den Preis.
Irgendwo gibt es immer einen Haken.	Ich vertraue.
Du solltest dich lieber mit weniger im Leben begnügen.	Ich bin für Großes bestimmt.
Glück ist nie von Dauer.	Glück ist mir vergönnt.

Die Top 50 zu »Selbstwert, Selbstvertrauen und Selbstliebe«

Ich habe Angst, ...	Mir fällt es leicht, ...
Ich bin es nicht wert, ...	Ich bin es wert, ...
Ich habe das nicht verdient.	Ich habe das verdient.
Das steht mir nicht zu.	Das steht mir zu.

Ich bin nicht gut genug. / Das, was ich tue, ist nicht gut genug.	Ich bin ein wertvoller Mensch. / Das, was ich tue, ist wichtig.
Was ich mache, ist nicht wichtig.	Meine Arbeit ist wichtig für die Welt.
Ich darf mich nicht so wichtig nehmen.	Ich bin wichtig.
Was glaubst du, wer du bist?	Ich bin großartig.
Ich habe nur Pech.	Glück ist mein Geburtsrecht.
Ich darf nicht glücklich sein.	Ich erlaube mir, glücklich zu sein.
Ich werde es euch beweisen.	Ich bin gut so, wie ich bin.
Ich muss für andere sorgen.	Erst ich, dann die anderen.
Ich muss andere beschützen.	Jeder ist für sich selbst verantwortlich.
Ich muss funktionieren.	Ich darf so sein, wie ich bin.
Ich muss perfekt sein.	Es reicht völlig aus, gut zu sein.
Ich muss durchhalten.	Ich darf auch scheitern. Scheitern bedeutet, gescheiter zu werden.
Ich kann das nicht.	Ich kann das.
Ich habe keinen Ehrgeiz.	Ich bin ehrgeizig.
Auf mich ist kein Verlass.	Ich bin ein verlässlicher Mensch.
Ich kann mich nur auf mich selbst verlassen.	Ich vertraue anderen.
Ich kann eh nichts ändern.	Ich entscheide, wie es weitergeht.
Ich bin zu schwach / ein kleines Licht.	Ich bin stark. / Ich bin ein Leuchtturm.
Ich muss stark sein.	Ich darf auch schwach sein.
Ich bin ein Versager.	Ich bin großartig.
Ich darf nicht versagen.	Scheitern heißt lernen, und lernen bedeutet wachsen.

Egal, was ich tue, ich mache alles verkehrt.	Was ich mache, mache ich richtig.
Ich bin zu blöd.	Ich bin intelligent.
Ich bin ein schlechter Mensch.	Ich bin ein guter Mensch.
Ich darf … (z. B. meine Eltern) nicht enttäuschen.	Enttäuschungen gehören zum Leben.
Ich darf nicht albern sein.	Ich darf albern sein.
Werde endlich erwachsen.	Ich erlaube mir, auch Kind zu sein.
Ich muss brav, lieb und nett sein, damit mich andere mögen.	Die Menschen mögen mich so, wie ich bin.
Ich muss mich anpassen, um geliebt zu werden.	So, wie ich bin, bin ich genau richtig.
Es ist sehr wichtig, was andere Leute über mich denken.	Was andere über mich denken, ist mir gleichgültig.
Ich muss es allen recht machen.	Ich darf so sein, wie ich bin, und tun, was ich will.
Ich muss die Kontrolle behalten.	Ich darf Kontrolle abgeben.
Ich darf nicht zu viel riskieren.	Risiken eingehen ist wertvoll für mich.
Ich sollte ein Junge / Mädchen werden.	Ich bin genau so richtig, wie ich bin.
Ich bin ein Unfall / verkehrt.	Ich bin absolut richtig.
Mich sollte es eigentlich gar nicht geben.	Ich darf leben.
Ich darf keine Gefühle zeigen / mich nicht öffnen, sonst werde ich verletzt.	Niemand kann mich verletzen, es sei denn, ich lasse es zu.
Stell dich nicht so an!	Ich erlaube mir, schwach zu sein.
Ein Indianer kennt keinen Schmerz.	Gefühle zeigen gehört zum Leben wie essen und trinken.

Eigenlob stinkt.	Eigenlob stimmt.
Ich kann nicht Nein sagen.	Ich erlaube mir, Nein zu sagen.
Ich bin schuld. / Die anderen sind schuld.	Schuld ist eine Erfindung der Kirche. / Jeder ist für sich selbst verantwortlich.
Lob und Anerkennung muss ich mir erst verdienen.	Ich habe Lob und Anerkennung verdient.
Mir darf es nicht besser gehen als … (z. B. meinen Eltern, meinem Bruder, meiner Schwester usw.).	Es darf mir besser gehen als …
Ich werde nie glücklich / zufrieden sein.	Ich erlaube mir, glücklich und zufrieden zu sein.
Sei nicht so sensibel.	Sensibel sein tut gut.

Die Top 25 zu »Körper, Gesundheit und das Altern«

Ich bin zu klein / hässlich / dick / dünn.	Ich bin genau so richtig, wie ich bin.
Ich entspreche nicht dem Schönheitsideal.	Ich bin schön.
Ich muss schlank sein.	Ich bin genau so richtig, wie ich bin.
Ich bin nicht attraktiv / sexy.	Ich bin attraktiv / sexy.
Mein Busen / mein Penis ist zu groß / zu klein.	Mein Busen / mein Penis ist genau richtig.
Mein Körper ist mein schlimmster Feind.	Mein Körper ist mein bester Freund.
Hübsche Frauen / Männer haben es im Leben leichter.	Jeder Mensch ist einzigartig und wird geliebt.

Egal, was ich mache: Ich werde nie schön genug sein, um geliebt zu werden.	Ich bin ein schöner und attraktiver Mensch.
Wer schön sein will, muss leiden.	Schön sein gehört zu meiner Natur.
Ich werde niemals schlank genug sein.	Schlank sein fällt mir leicht.
Ich fühle mich in meinem Körper / meiner Haut nicht wohl.	Ich fühle mich so, wie ich bin, wohl.
Süßigkeiten machen dick.	Süßigkeiten dürfen sein und tun mir gut.
Das liegt bei uns in der Familie. / Das ist Vererbung.	Meine Gesundheit hat nur mit mir zu tun.
Was die Ärzte sagen, ist immer richtig.	Ärzte sind auch nur Menschen und somit fehlbar.
Wenn ich krank bin, bekomme ich Aufmerksamkeit.	Aufmerksamkeit fällt mir zu.
Ich bin viel zu sensibel für diese Welt und werde dauernd krank.	Ich habe ein starkes Immunsystem.
Unsere Familie wird nicht krank.	Mein Körper wird krank, wenn er Ruhe braucht.
Krankheit ist Schwäche.	Durch Krankheit verschafft sich der Körper Ruhe, und das ist gut so.
Schmerz härtet ab.	Es geht auch ohne Schmerzen.
Wenn ich hart genug an mir arbeite, werde ich nicht mehr krank.	Gesundheit ist mein Geburtsrecht.
Krankheiten sind der Spiegel deiner Seele.	Mein Körper ist der perfekte Signalgeber.
Wenn man alt wird, hört und sieht man schlechter.	Wenn ich gut für meinen Körper sorge, bleibt er bis ins hohe Alter gesund und fit.

Im Alter nimmt das Denkvermögen ab.	Ich bleibe bis ins hohe Alter geistig fit.
Ich habe Angst vor dem Älterwerden.	Ich erlaube mir, älter und weiser zu werden.
Im Alter kommen die Zipperlein.	Ich bleibe bis ins hohe Alter körperlich fit.

Die Top 50 zu »Partnerschaft, Ehe, Familie und Sexualität«

Ich habe Angst, verlassen / verletzt zu werden.	Ich komme auch allein zurecht. / Niemand außer mir selbst kann mich emotional verletzen.
Ich kann nicht allein sein.	Ich bin auch gern mal allein.
Mit mir hält es keine(r) lange aus.	Ich bin ein liebenswerter Mensch.
Ich finde nie die Richtige / den Richtigen.	Ich finde die Richtige / den Richtigen.
Ich habe bei Frauen / Männern kein Glück.	Ich ziehe den optimalen Partner magisch an.
Ich bin beziehungsunfähig.	Ich kann mit Beziehungen gut umgehen.
Sie / er betrügt mich bestimmt.	Ich habe einen treuen Partner.
Ich kann keine Nähe zu lassen.	Ich liebe Nähe und Geborgenheit.
Liebe für die Ewigkeit ist eine Illusion.	Liebe kann ewig halten.
Liebe bedeutet Schmerz.	Liebe ist.
Gefühle muss man unter Kontrolle halten.	Gefühle leben tut gut.

Ich muss meinen Partner kontrollieren.	Wahre Liebe lässt frei.
Männer sind Schweine.	Männer sind gut für mich.
Männer gehen sowieso fremd.	Männer können treu sein.
Ich kann nicht treu sein.	Ich erlaube mir, treu zu sein.
Eine Beziehung führen bedeutet Kompromisse eingehen.	In einer Beziehung sind liebevolle Kompromisse gut für die Liebe.
In einer Beziehung kann ich nicht frei sein.	Ich erlaube mir meine Freiheit in meiner Beziehung.
Ich muss auf den Richtigen warten.	Der Richtige ist der, nach dem mein Herz ruft.
Ich erwische immer die Falsche / den Falschen.	Ich habe genau den richtigen Partner.
Er / sie darf nur mich lieben.	Liebe macht frei.
Ich mache alles, nur um geliebt zu werden.	Ich liebe mich selbst, so, wie ich bin.
Nur in einer Partnerschaft kann ich glücklich sein.	Ich kann auch allein glücklich sein.
Wenn … (z. B. meine Kinder, mein Mann) glücklich sind / ist, bin auch ich glücklich.	Mein persönliches Glück hat Priorität.
Es ist seine / ihre Aufgabe, mich glücklich zu machen.	Nur ich selbst kann mich glücklich machen. / Es ist meine Aufgabe, mich glücklich zu machen.
Ehe bedeutet Streit.	Ehe bedeutet Halt, Liebe und Wachstum.
In der Ehe bleibt die Frau zu Hause.	In der Ehe hat jeder auch sein eigenes Leben.
Ehe ist nur etwas für Konservative.	Eine Ehe, frei von Fesseln, kann gut für mich sein.

Kein Sex vor der Ehe.	Sex ist völlig natürlich und findet immer den richtigen Zeitpunkt.
In der Partnerschaft bzw. Ehe hat der Mann / die Frau das Sagen.	In der Partnerschaft / Ehe ist jeder gleichberechtigt.
Erst wenn die Kinder groß sind, können wir unsere Träume verwirklichen.	Gemeinsam mit unseren Kindern erfüllen wir uns unsere Träume.
Eine Familie haben bedeutet eine große Verantwortung tragen.	Ich liebe meine Verantwortung innerhalb der Familie.
Kinder kosten nur Geld.	Kinder sind großartig.
Kinder sind ein Gräuel / Fluch.	Kinder sind eine Bereicherung für mich.
Kinder machen nur Ärger.	Kinder bereiten mir Freude.
Kinder sind der größte Segen.	Es geht mit und ohne Kinder.
Wenn ich Kinder habe, habe ich keine Zeit mehr für mich.	Ich nehme mir trotz Kindern immer genügend Zeit für mich.
Es ist egoistisch, keine Kinder zu bekommen.	Es ist völlig okay, keine Kinder zu haben.
In diese Welt setze ich keine Kinder.	Diese Welt ist genau richtig für Kinder.
Ich kann meine Weiblichkeit / Männlichkeit nicht leben.	Ich lebe meine Weiblichkeit / Männlichkeit aus vollem Herzen.
Sex ist Sünde / dreckig.	Sex ist völlig natürlich.
Männer wollen nur das eine.	Männer genießen den Sex genauso wie die Liebe.
Ich bin nicht gut im Bett.	Ich kann im Bett richtig gut sein.
Ich kann keinen Orgasmus bekommen.	Ich bekomme mit Leichtigkeit einen Orgasmus.
Ich kann mich beim Sex nicht fallen lassen.	Ich lasse mich beim Sex mit Leichtigkeit fallen.

Sex hat mit Liebe nichts zu tun.	Sex und Liebe gehören zusammen.
Ich bin verklemmt / frigide.	Ich öffne mich dem Sex.
Ohne Sex geht gar nichts.	Ich kann auch mit weniger Sex gut leben.
Sex ist nicht so wichtig.	Sex ist ebenso wichtig wie die Liebe.
Man masturbiert nicht.	Masturbieren ist völlig selbstverständlich.
Über Sex redet man nicht.	Sex ist ein völlig natürliches Gesprächsthema.

Die Top 25 zu »(Aus)bildung, Beruf, Berufung und Karriere«

Ich muss meinen Eltern beweisen, dass ich gut bin.	Ich bin gut so, wie ich bin, und dafür lieben mich meine Eltern.
Ohne Abitur hast du im Leben keine Chance.	Glück und Erfolg sind unabhängig vom Bildungsstand.
Wenn du etwas im Leben werden willst, musst du studieren.	Erfolg haben kann jeder.
Damit wirst du später kein Geld verdienen.	Genau das macht mich reich und glücklich.
Als Künstler / Musiker kann man kein Geld verdienen.	Es gibt viele reiche Künstler und Musiker.
Mach ja etwas Anständiges.	Das, was ich werden will, ist genau richtig für mich.
Ich muss in die Fußstapfen meines Vaters / meiner Mutter treten.	Ich folge meinem persönlichen Stern.

Beim Staat hast du einen sicheren Job.	Sicherheit ist etwas, was ich mir selbst erschaffe.
Arbeit ist ein notwendiges Übel.	Arbeit macht Freude.
Wenn ich in Rente bin, muss ich mich nicht mehr quälen.	Ich liebe meinen Job, weil er mir so viel Freude bereitet.
Erst die Arbeit, dann das Vergnügen.	Arbeit und Spaß gehören zusammen.
Hobby und Beruf sind zwei Paar Schuhe.	Mein Hobby ist meine Berufung.
Mein Job macht mich krank.	Mein Job bereitet mir viel Freude.
Weiter kommt man nur mit Ellenbogenmentalität.	Kooperation ist der Turbo für Erfolg.
Zur Führungskraft muss man geboren sein.	Führung ist erlernbar.
Wer lange im Büro bleibt, ist ein guter Mitarbeiter.	Lange arbeiten hat nichts mit Fleiß zu tun.
Man kann heutzutage froh sein, überhaupt einen Job zu haben.	Jeder findet in der heutigen Zeit seinen Job, wenn er will.
Arbeit und Spaß passen nicht zusammen.	Arbeit und Spaß gehören zusammen.
Wenn ich erst einmal Chef bin, habe ich alle Macht.	Macht ist das, was ich mir selbst verleihe.
Ich bin zu alt, um noch einmal den Job zu wechseln.	Ich habe genau das richtige Alter für einen Jobwechsel.
Schuster bleib bei deinen Leisten.	Ich mache den Job, der mir am Herzen liegt.
Für die Selbstständigkeit muss man geboren sein.	Unternehmertum ist erlernbar.
Ich kann meine Fähigkeiten und Talente in meinem Beruf nicht ausleben.	Ich sorge dafür, dass ich meinen Fähigkeiten und Talenten entsprechend eingesetzt werde.

Gott hat mich nicht mit Talent gesegnet.	Ich habe wundervolle Talente.
Im Job haben nur noch die Jungen eine Chance.	Ich habe genau das richtige Alter für meinen Beruf.

Die Top 25 zu »Erfolg, Geld und Reichtum«

Erfolgreich wird nur, wer viel leistet und viel arbeitet.	Intelligent ist, wer in wenig Zeit und mit geringem Aufwand viel erreicht.
Wenn ich erfolgreich bin, sind die anderen neidisch und eifersüchtig auf mich.	Je erfolgreicher ich werde, desto mehr bin ich ein Vorbild für die anderen.
Für Erfolg muss man hart arbeiten.	Erfolg darf leicht sein.
Mein Erfolg ist ein ständiges Auf und Ab.	Meine Erfolgskurve zeigt beständig nach oben.
Um erfolgreich zu sein, muss ich studiert haben / intelligent sein.	Ich bin auch ohne Abitur oder Studium erfolgreich.
Von nichts kommt nichts.	Ich bin mit Leichtigkeit erfolgreich.
Das Streben nach Erfolg / Reichtum führt zu Stress und Gesundheitsproblemen.	Arbeit mit viel Freude hält mich fit und gesund.
Ich bin nicht gut genug, um erfolgreich / reich zu sein.	Ich bin gut genug, um erfolgreich / reich zu sein.
Erfolgreich / reich sind nur die anderen.	Ich erlaube mir, erfolgreich zu sein.
Beim Streben nach Erfolg und Reichtum bleibt nur wenig Zeit für alles andere im Leben.	Wenn ich intelligent arbeite, bleibt viel Zeit für Freizeit.

Geld ist die Wurzel allen Übels.	Geld ist ein Zahlungsmittel, mehr nicht.
Der Mann bringt das Geld nach Hause.	Ich darf mit meiner Arbeit viel Geld verdienen..
Zu viel Geld haben ist ein Zeichen von Gier.	Reich sein macht Freude.
Geld hat etwas Dreckiges, Schlechtes an sich – wie die Leute, die viel davon haben.	Auch wenn ich reich bin, bin ich ein guter Mensch.
Reiche haben andere unterdrückt, um an ihr Geld zu kommen.	Reiche Menschen sind ehrliche Menschen.
Geld ist der Grund für Streit in der Familie / in der Ehe.	Geld trägt zur Harmonie bei.
Spare in der Zeit, dann hast du in der Not.	Geld vermehrt sich, wenn es im Umlauf ist.
Geld macht nicht glücklich.	Mit mehr Geld habe ich mehr Möglichkeiten.
Geld verdirbt den Charakter.	Ich habe trotz Geld einen guten Charakter.
Über Geld spricht man nicht.	Ich spreche gern über Geld.
Das können wir uns nicht leisten.	Das kann ich mir leisten.
Wenn ich erst einmal reich bin, werden sich andere von mir entfernen.	Als reicher Mann bin ich für andere ein gutes Vorbild. Die Menschen mögen mich.
Geld ist nicht so wichtig.	Geld ist wichtig für mich.
Ich darf nicht mehr Geld als meine Eltern / meine Geschwister verdienen.	Ich erlaube mir, so viel Geld zu haben, wie ich will.
Es ist nicht in Ordnung, dass ich reich bin und andere wenig oder gar nichts haben.	Wenn ich reich bin, habe ich die Möglichkeit, andere zu unterstützen.

Die Top 25 zu »Spiritualität«

Für spirituelle Arbeit darf ich kein Geld nehmen. Sie kommt doch von Gott.	Geld ist Energieausgleich, der mir zusteht.
Man kann nicht gleichzeitig spirituell und reich sein.	Man kann gleichzeitig spirituell und reich sein.
Es gibt spirituelle Menschen und die anderen.	Ein spiritueller Mensch ist ein Mensch wie jeder andere.
Spirituelle Menschen sind nicht von dieser Welt.	Spirituelle Menschen sind völlig normale Menschen.
Esoterik ist etwas für Spinner.	Esoterik ist Alltag.
Mach etwas Anständiges und nicht so etwas Abgehobenes.	Spiritualität ist völlig normal.
Das ist doch bestimmt eine Sekte.	Das ist anders und gut für mich.
Ich habe Angst, in einer Sekte zu landen.	Ich weiß, das ist genau richtig für mich.
Die Spirituellen fühlen sich immer als etwas Besonderes.	Spirituelle Menschen sind auf Augenhöhe mit mir.
Spiritualität und Alltag sind zwei verschiedene Welten.	Spiritualität und Alltag sind eins.
Ich kann im Alltag nicht spirituell sein.	Ich kann im Alltag meine Spiritualität völlig frei leben.
Für Meditation braucht man Ruhe.	Ich kann überall meditieren.
Wenn ich spirituell bin, brauche ich mich um die irdischen Themen nicht mehr zu kümmern, denn Gott schützt mich ja.	Spiritualität und Alltag sind eins.
Hilf dir selbst, dann hilft dir Gott.	Egal, was ich tue, Gott ist immer bei mir.

Jetzt wird endlich alles gut, denn … (z. B. Gott, die Engel etc.) kümmert / kümmern sich um alles. Ich kann mich zurücklehnen und abwarten.	Gott und die Engel unterstützen meinen Weg. Doch gehen muss ich ihn selbst.
Ich habe keine Zeit für den ganzen spirituellen Schnickschnack.	Ich nehme mir Zeit für meine Spiritualität.
Ich bin viel zu unruhig und ungeduldig, um zu meditieren.	Ich kann überall meditieren.
Ich habe Angst, von meiner Umwelt gehänselt oder verurteilt zu werden, wenn ich von … (z. B. Engeln, Gott, Einhörnern etc.) erzähle.	Wenn ich von … (z. B. Engeln, Gott, Einhörnern etc.) erzähle, hören mir andere gern zu.
Man kann nicht beweisen, dass es … (z. B. einen Gott, eine Seele, die Engel) gibt. Deshalb gibt es sie nicht.	Für … (z. B. einen Gott, eine Seele, die Engel) braucht es keinen Beweis.
Glauben heißt nicht wissen.	Glaube und Wissen gehören zusammen.
Wenn ich spirituell bin, darf ich kein Geld, keinen Spaß und keinen Sex mehr haben.	Wenn ich spirituell bin, darf ich weiterhin Geld, Spaß und Sex haben.
Spirituelle Menschen sitzen in Höhlen oder Klöstern und fasten und meditieren nur noch. Das passt doch nicht in unsere moderne Welt.	Spirituelle Menschen leben genauso wie alle anderen, lediglich bewusster.
Beten hat noch nie etwas bewirkt.	Beten unterstützt mich.
Ich habe es nicht verdient, einen Schutzengel zu haben / von Gott beachtet zu werden.	Gott und meine Schutzengel sind immer bei mir.
Ich habe keine Lust auf Askese.	Als spiritueller Mensch kann ich in Fülle leben.